1

DIE NORDSEEKÜSTE FÜR ELTERN UND KINDER

Die Nordseeküste entdecken

Barfuß über den Meeresboden laufen, Vögel und Seehunde beobachten, am Strand baden und buddeln, eine Piratenfahrt auf hoher See erleben, über grüne Deiche radeln, gemütliche Dörfer und Städte erkunden … Willkommen an der Nordseeküste Schleswig-Holsteins! Im nördlichsten Bundesland kommt garantiert jeder auf seine Kosten, egal ob man nur entspannen, Natur und Kultur erleben oder sportlich aktiv werden möchte. Und gesunde Luft, wie mit Tusche gemalte Landschaften und die unendliche Weite, die den Blick zum Horizont erlaubt, gibt es dazu.

Gewusst?

Das nördlichste Bundesland ist 15.799,38 Quadratkilometer groß und hat rund 2.834.640 Einwohner. Von den 110.900 Einwohnern im Reisegebiet Nordseeküste verdienen 41.600 Personen ihren Lebensunterhalt mit dem Tourismus. 260.000 Schafe bestimmen das Landschaftsbild. 536 km lang ist die Westküste, 408 km werden durch Deiche geschützt. Es gibt sechs Inseln, zehn Halligen und 13 Sprachen: Hochdeutsch, Plattdeutsch, Dänisch und zehn friesische Hauptdialekte.

Ferien am Weltnaturerbe

2009 nahm die UNESCO den Nationalpark Schleswig-Holsteinisches Wattenmeer in die Liste des Weltnaturerbes auf, auf der auch Berühmtheiten wie das Great Barrier Reef oder der Grand Canyon stehen. Nirgendwo sonst hat sich unter dem Einfluss der Naturkräfte eine vielfältigere Landschaft entwickelt: Grüne Deiche mit wolligen Schafen und blühende Salzwiesen wechseln sich ab mit weiten weißen Sandstränden und hohen Dünen. Wo gerade noch hohe Wellen gegen den Strand brandeten, herrscht plötzlich Ruhe. Die Wasseroberfläche wirkt glatt wie ein Spiegel, die dunklen Wolken sind wie weggewischt und die Farben strahlen in einem besonderen Licht. Zweimal am Tag gibt die Nordsee den Blick frei auf den Meeresgrund, auf dem sich allerhand Leben tummelt. Wissbegierige Kinder werden viele „Warum"-Fragen stellen. Gut, dass es überall Natur- und Infozentren gibt, wie das Multimar Wattforum in Tönning (siehe S. 92), die erläutern, welchen Naturgesetzen die Gezeiten folgen, und die über die rund 10.000 Tier- und Pflanzenarten des Lebensraums Wattenmeer informieren. Dem Wappentier der Nordseeküste, dem Seehund, begegnet man in der Seehundstation Friedrichskoog oder bei einer Fahrt mit dem Ausflugsschiff. Eine Wattwanderung ist für ältere Kids ein Erlebnis, den Lütten genügt es meist, im Schlick zu matschen.

Pfahlbau in St. Peter-Ording

Mensch und Meer

Durch Wind, Wellen und Gezeiten verändert die Küstenlinie ständig ihr Gesicht. Das bedeutet für den Küstenschutz eine stetige Herausforderung. Auf Sylt etwa werden pro Jahr rund 1 Million Kubikmeter Sand für über 6 Millionen Euro wieder aufgespült. Vor nicht allzu langer Zeit führten große Sturmfluten wie die verheerenden „Mandränken" von 1362 und 1634 dazu, dass die ersten Halligen entstanden und Alt-Nordstrand in die Inseln Nordstrand und Pellworm sowie die Halligen Südfall und Nordstrandischmoor zerrissen wurde. In List informiert das Erlebniszentrum Naturgewalten (siehe S. 99) über diese Naturkatastrophen, die seit jeher das Leben an der Küste prägen. Nicht von ungefähr besinnen sich ihre Bewohner gern auf alte Traditionen, die in harten Zeiten für einen starken Zusammenhalt der Gemeinschaft sorgten. Die weite Kooglandschaft mit den unzähligen Entwässerungsgräben, Binnen- und Außendeichen zeugt noch heute von den Mühen, der gefräßigen See Land abzutrotzen.

„Hier kommt garantiert jeder auf seine Kosten, egal ob man nur entspannen, Natur und Kultur erleben oder sportlich aktiv werden möchte."

Windräder, Wald und grüne Deiche

Begrenzt von Elbe, Eider, Nord-Ostsee-Kanal und der Nordsee liegt die „Insel" Dithmarschen. Der jüngste Koog der weiten Marschlandschaft ist erst knapp 40 Jahre alt. Dithmarschen ist Deutschlands „Kohlkammer", rund 80 Millionen Kohlköpfe werden jährlich geerntet. Im Land der Windmühlen entstand in den 1950er-Jahren die erste Windkraftanlage Deutschlands, heute thronen die weißen Giganten überall an der Küste und auf den Inseln. In Friedrichskoog und Büsum laden Strandkörbe am Deich ein, den Alltag hinter sich zu lassen. Lohnendes Ausflugsziel ist Brunsbüttel an der Mündung des Nord-Ostsee-Kanals. Die mächtigen Schleusen beeindrucken nicht nur Technikfans. Kanalaufwärts liegt Burg auf dem Rücken der Geest. Im dortigen Museum erfährt man alles über die Geschichte des Waldes, der einst das „Land zwischen den Meeren" überzog. Nicht zu vergessen das gemütliche Meldorf und die „Metropole" Dithmarschens, Heide, mit dem größten unbebauten Marktplatz Deutschlands. Noch heute verkünden zahlreiche Flaggen und Wappen an den Gebäuden, wie stolz die Dithmarscher auf ihre Vergangenheit als freie „Bauernrepublik" sind, die sich 200 Jahre lang gegen Könige und Adel behaupten konnte.

Weite Strände und bunte Städte
Der Küste weiter nach Norden folgend passiert man den größten Bau des deutschen Küstenschutzes, das Eidersperrwerk, Tor zur nordfriesischen Halbinsel Eiderstedt mit ihren riesigen Bauernhäusern, den Haubargen und den 18 Kirchen. Für Kinder – und Windsportler – spannender ist der breite Sandstrand von St. Peter-Ording. In der idyllischen Landschaft um Eider und Treene lädt das Holländerstädtchen Friedrichstadt zu lustigen Grachtenfahrten ein. Viel zu sehen gibt es auch im geschäftigen Husum. Die Heimatstadt Theodor Storms ist gar nicht so grau, wie von dem Dichter einst beschrieben, sondern bunt mit ihrem schmucken Hafen, dem Schloss und zahlreichen Museen, in denen viel für große und kleine Urlauber geboten wird. Ganz oben im Norden lohnt ein Abstecher an die Wirkungsstätte des bedeutendsten Künstler der Nordseeküste: Emil Nolde, der in seinen Bildern die Schönheit und Stimmung der Landschaft einzufangen wusste.

Inselträume
Und dann gibt es noch die Inseln: Wer auf Action verzichten kann, besucht die Heimatinsel von James Krüss. 70 Kilometer vom Festland entfernt

Weltnaturerbe-Knigge

Urlauber im Weltnaturerbe Wattenmeer merken kaum etwas von den Beschränkungen, die zum Schutz der Natur nötig sind. Doch ein paar Regeln gibt es: Beachten Sie Schilder, die geschützte Gebiete bezeichnen, und stören Sie die Tiere nicht unnötig. Muschelnsammeln ist erlaubt, Blumenpflücken nur in begrenztem Maß – mit Ausnahme von z. B. Strandnelke und -flieder (falls Sie nicht wissen, wie diese Pflanzen aussehen, verzichten Sie aufs Pflücken oder erkundigen Sie sich im nächsten Infozentrum). Hunde sind an der Leine zu führen. Nehmen Sie alles wieder mit, was Sie in den Nationalpark hineingetragen haben. Vogelgruppen dürfen Sie sich nur bis auf 300 Meter nähern, Boote müssen zu Meeressäugern und Vogelschwärmen mind. 500 Meter Abstand halten. Zu einer Wattwanderung sollten Sie zu Ihrer eigenen Sicherheit niemals ohne ortskundigen Führer aufbrechen. Wer Genaueres über das Weltnaturerbe erfahren möchte, erkundigt sich bei der **NATIONALPARKVERWALTUNG SCHLESWIG-HOLSTEINISCHES WATTENMEER,** *Info-Tel. 04861-61 60 oder 962 00, nationalpark@lkn.landsh.de, www.nationalpark-wattenmeer.de.*

liegt Helgoland – mehr Abstand vom Alltag geht eindeutig nicht, vorausgesetzt, man zieht sich auf die etwas abgelegene Badedüne zurück, wenn Tausende shoppinglustige Tagestouristen den roten Felsen stürmen.

Ein Spaziergang im Watt kann ein schlickeriges Unterfangen sein

Etwas beschaulicher geht es auf den grünen Marscheninseln Pellworm und Nordstrand zu, ideal für alle, die viel radeln, skaten und die Natur genießen wollen. Eine wahre Familieninsel ist Föhr, wo die vielen Angebote für den Nachwuchs die herrlichen weißen Strände fast in Vergessenheit geraten lassen. Das kann auf der kleineren Schwesterinsel Amrum allerdings nicht passieren: Die vorgelagerte Sandbank, der Kniepsand, ist so unglaublich groß, dass Kinder die gigantische „Sandkiste" am liebsten gar nicht mehr verlassen möchten. Wer mehr Trubel erleben will, für den ist das schicke Sylt eine vielseitige Alternative. Strände für jeden Geschmack gibt es im lebhaften Westerland, im familiären Wenningstedt oder am Hörnumer Oststrand an der ruhigen Wattseite der Insel. Sie merken schnell: Angesichts der Vielfalt der Nordseeküste Schleswig-Holsteins fällt die Entscheidung für einen Ferienort gar nicht so leicht. Doch egal wohin es Sie zieht, eins können wir versprechen: Wer einmal Nordseeluft geschnuppert hat, wird immer wiederkommen.

Nis Puk

Nis Puk ist der Name des netten friesischen Hausgeists, der auf dem Dachboden lebt, etwa die Größe einer Unterarmlänge hat und für Erwachsene dank seiner Zaubermütze unsichtbar ist. Wenn man ihn gut behandelt und ihm Grütze mit Butter hinstellt, hilft er bei der Arbeit und schlichtet Streitigkeiten. Ist Nis Puk jedoch verärgert, kann es passieren, dass er Sachen versteckt oder auch mal Leitersprossen ansägt. Der Sylter Schriftsteller Boy Lornsen, auch bekannt für „Robbi, Tobbi und das Fliewatüüt", erzählt in vielen seiner Kinderbücher abenteuerliche Geschichten um Nis und andere Puken.

Was Eltern wissen sollten

Wer an der Nordseeküste Urlaub macht, muss sich nicht großartig umstellen. In den Supermärkten findet man alle gängigen Markenartikel, von Babynahrung bis zu Pflegeprodukten, und auch in den kleineren Orten, auf Campingplätzen, Inseln und Halligen gibt es zumindest einen Kiosk oder Tante-Emma-Laden, der Urlauber mit dem Wichtigsten versorgt. Sprachliche Barrieren sind ebenfalls nicht zu erwarten. Auch wenn z. B. das Dithmarscher Platt oder die zehn friesischen Dialekte an der Küste und auf den Inseln, wie das Öömrang auf Amrum oder das Söl'ring auf Sylt, für manche Urlauberohren sehr exotisch klingen, alle Einheimischen sprechen natürlich auch Hochdeutsch.

MuseumsCard KIDS

Mit der MuseumsCard für Kids gibt es freien Eintritt zu Wikingerabenteuern und gratis Erkundungsreisen zu wilden Tieren aus der Eiszeit. Sie gilt als Eintrittskarte und ermöglicht den kostenlosen Besuch von über 90 Museen in ganz Schleswig-Holstein und Dänemark. Von Juli bis November steht der Neugier also nichts mehr im Weg. Abholen kann man sich die MuseumsCard bei allen Sparkassen in Schleswig-Holstein und in vielen Tourismusagenturen. Praktisch: Die Card ist auch als App erhältlich. So hat man sie immer mobil dabei und erlebt keine böse Überraschung am Ticketschalter.

An der Nordsee kommen Groß und Klein auf ihre Kosten

Heilsames Klima
Es ist die Mischung, die das gesunde, immunsystemstärkende Reizklima der Küste ausmacht: Die Nordseeluft ist sehr salzhaltig, rein und pollenarm, hinzu kommt die hohe Lichtintensität, denn die Wasserfläche wirkt wie ein großer Spiegel. Menschen mit Atemwegs- und Hauterkrankungen wird daher der Aufenthalt an der Nordseeküste empfohlen – nicht umsonst gibt es hier zahlreiche Kurkliniken. Überhaupt ist hier eine flächendeckende medizinische Versorgung gewährleistet, die Adressen von Ärzten, Apotheken und anderen wichtigen Institutionen sind in den Infobroschüren der Tourist-Infos verzeichnet (siehe auch S. 103).

Quallen

In heißen Sommern tauchen manchmal Quallen an der Nordseeküste auf, meist handelt es sich um harmlose, durchsichtige Ohrenquallen. Eine Begegnung mit den roten oder gelben Feuer- und blauen Nesselquallen ist dagegen schmerzhaft: Bei Hautkontakt kommt es zu Rötungen und Brennen. Wer auf Nummer sicher gehen möchte, packt in die Badetasche eine kleine Flasche Essig oder Rasierschaum, um im Fall des Falles die reizenden Giftstoffe zu neutralisieren. Bei Unwohlsein oder allergischen Reaktionen sofort einen Arzt aufsuchen.

Vorsicht: Auch im Norden wird's heiß!

Gerade kleinere Kinder brauchen ein paar Tage, um sich an das Klima zu gewöhnen, wundern Sie sich aber nicht, wenn die Kleinen danach wie ein Stein schlafen. Aufgrund der hohen Sonneneinstrahlung ist das Verwenden von Sonnencreme in Wassernähe selbstverständlich, für zarte Kinderhaut empfiehlt sich ein besonders hoher Lichtschutzfaktor. Zudem sind für Babys und Kleinkinder ein Sonnenhütchen und ein Badeshirt mit UV-Schutz angebracht. Schutz beim Spiel in der Sonne ist ebenso bei bedecktem Himmel wichtig, denn die UV-A- und UV-B-Strahlen dringen durch die Wolkenschicht.

Qualitätskontrolle
Die Wasserqualität an den bewachten Badestellen und Stränden wird von Juni bis Mitte September regelmäßig kontrolliert. Tafeln und Aushänge informieren vor Ort über die Ergebnisse. Bereits vor Beginn der Badesaison führen die Gesundheitsbehörden

Typisch Nordseeküste: Die Möwen haben den Weitblick

Kontrollen durch, um ungetrübten Badespass zu gewährleisten. Zudem findet sich an Stränden, die eine hervorragende Wasserqualität aufweisen und für die Gemeinden deutlich mehr in Qualitätssicherung und -prüfung investieren, als die EG-Badegewässerrichtlinie fordert, die Tafel „Gesundes Baden im Meer". An diesen Badestellen werden in der Saison 14-tägig Proben genommen, zusätzlich werden Luft- und Wassertemperatur, pH-Wert, Leitfähigkeit und Sichttiefe gemessen. Eine Liste dieser Strände sowie Infos zur Wasserqualität aller ausgewiesenen Badestellen inkl. Kurzbeschreibung finden Sie unter www.badewasser qualitaet.schleswig-holstein.de.

Badefreuden

Die Nordsee ist kein Baggersee, auch im scheinbar ruhigen Meer können Strömungen entstehen oder es gibt Buhnenreste, deren scharfe Kanten unter Wasser nicht zu sehen sind. Auf riskante Stellen weisen in der Regel Schilder hin. Wer mit Kindern reist, wählt am besten die Badestrände, die in der Saison von Rettungsschwimmern überwacht werden. Diese leisten im Notfall Erste Hilfe und machen auf Gefahren aufmerksam. Um zu vermeiden, dass Nordsee gerade weg ist, wenn Sie sich in die Fluten stürzen wollen, sollten Sie sich in der Tourist-Info einen kostenlosen Tidenkalender besorgen, der über die täglichen Hoch- und Niedrigwasserstände (Flut bzw. Ebbe) informiert. Beste Badezeit ist zwei Stunden vor bis zwei Stunden nach Hochwasser. An allen Stränden gibt es Duschen, um das Salzwasser oder den Schlick abzuspülen, die Badesachen am besten zu Hause kurz auswaschen, da das Salz auf Dauer das Gewebe angreift.

Quartiersuche & Co

Wer in der Hauptsaison verreisen möchte, sollte sein Traumurlaubsdomizil schon mindestens ein Jahr im Voraus suchen und buchen, denn die besten Quartiere sind heiß begehrt. Bei Kurztrips werden in den meisten Fällen Aufschläge fällig, manche Vermieter lassen sich in der Hauptsaison

Küstenschnack

BLANKER HANS: Die aufgewühlte Nordsee bei Sturmflut wird seit der frühen Neuzeit so genannt.
BUHNE: Ein rechtwinklig zum Strand ins Meer gebauter Wall, der als Wellenbrecher dient.
GEZEITEN/TIDE: Die durch die Anziehungskraft von Sonne und Mond entstehende Wasserbewegung der Nordsee. Ablaufendes Wasser nennt man Ebbe, auflaufendes Flut, der Abstand zwischen Niedrig- und Hochwasser beträgt 6 Stunden und 12,5 Minuten.
KOOG: Rundum eingedeichtes Marschland, das dem Meer abgetrotzt wurde.
PRIEL: Natürliche Wasserläufe im Watt und in den Salzwiesen, durch die das Nordseewasser ab- oder aufläuft;
SIEL: Verschließbarer Durchlass im Deich, es dient der Entwässerung des dahinter gelegenen Landes;
STÖPE: Öffnung im Deich für einen Weg oder eine Straße, kann mithilfe von Toren oder Balken und Sandsäcken geschlossen werden;
WARFT: Künstlich aufgeschüttete Hügel, auf denen Häuser stehen.

gar nicht auf eine Vermietung unter einer Woche ein. Viele Tourist-Infos bemühen sich, diese Marktlücke zu füllen, und bieten attraktive Kurzreisen für Familien an. In den Gästeverzeichnissen wird auf eventuelle Kinderausstattung mit Hochstühlen oder Betten hingewiesen, auf Nachfrage stellen Vermieter auch weitere praktische Dinge wie Fläschchenwärmer, Leihbuggy oder Bollerwagen bereit (siehe auch S. 108-111).
Auch im Hochsommer empfiehlt es sich, neben T-Shirts und kurzen Hosen warme Kleidung, Regenjacken, Matschhosen und Gummistiefel einzupacken, denn mit ein paar Regentagen ist immer zu rechnen.
Alle Ferienorte sind bestens auf Familien mit Kindern eingestellt: An den Stränden gibt es meist Spielgeräte und Kinderanimation. Zudem wird ein tolles Programm für Kinder aller Altersstufen, vom Bastelnachmittag bis zur Wattexkursion, auf die Beine gestellt. Mancherorts finden sich Spielhäuser, die allerhand Aktivitäten bieten. Viele Angebote können ältere Kids allein besuchen, d. h. die Eltern dürfen sich auf ein paar Stunden ungestörter Zweisamkeit freuen.

Alle Ferienorte sind auf Kinder eingestellt

Das Fischbrötchen: der Hamburger des Nordens

Essen & Trinken

Die Küche der Westküste Schleswig-Holsteins ist nichts für Kalorienzähler – auf den Tisch kommt Deftig-Rustikales wie Grützen, Mehlspeisen, Eintöpfe, Geräuchertes vom Schwein, Wurst, Schmalz, Kohl, aber auch Käse, Kartoffeln, Gemüse, Obst und natürlich Fisch. Und keine Bange, auch wählerische Sprösslinge werden satt, denn alle Gastronomen haben gängige Klassiker wie Fischstäbchen, Pommes, Schnitzel und Nudeln auf der Karte oder gehen individuell auf die Wünsche kleiner Feinschmecker ein.

Traditionelles und Kreatives

Zugegeben, Labskaus oder Buttermilchsuppe mit Klößen muten auf den ersten Blick ein wenig seltsam an. Aber wer mutig probiert, der wird in den meisten Fällen positiv überrascht. Die Sitte, Süßes und Herzhaftes zu kombinieren, wird auch hierzulande gepflegt: etwa Räucherspeck, gekocht mit Bohnen und fast reifen Birnen, genannt Gröner Hein, Sauerfleisch oder Dithmarscher Mehlbüddel. Der fast kindskopfgroße Mehlkloß wird in der deftigen Variante mit Rosinen und klein geschnittener, geräucherter Schweinebacke zubereitet, in ein Tuch geknotet und im Wasserbad gegart. Dazu werden leckere Kirschsauce und weitere Scheiben des Räucherfleischs gereicht. Einheimischen wie Gästekindern schmeckt meist die süße Version ohne Rosinen und Schweinebacke besser.

Fisch und andere Meerestiere

Ob gedünstet, gebraten, eingelegt oder geräuchert: Auf jeder Speisekarte an der Nordseeküste stehen zahlreiche Fischgerichte auf der Karte, meist in Begleitung von Bratkartoffeln mit Speck oder für Kids Pommes. Fisch-

Ko(h)lossal!

Europas größtes geschlossenes Kohlanbaugebiet widmet seinem Exportschlager in Wesselburen gleich ein ganzes Museum. Das **KOHLOSSEUM** informiert über die Geschichte, den ökologischen Anbau und die gesundheitliche Wirkung des Gemüses. In der „Krautwerkstatt“ wird demonstriert, wie Bio-Weißkohl geputzt, geschnitzelt, gesalzen, gestampft und dann vergoren wird. Kohl- und andere Spezialitäten gibt's im angeschlossenen Bauernmarkt. *Bahnhofstr. 22a, 25764 Wesselburen, Tel. 04833-458 90, info@kohlosseum.de, www.kohlosseum.de. Bauernmarkt u. Museum: ab Ostern Mo-Fr 9-18, Sa 10-15, Juli-Okt auch So 10-15, Okt-Ostern Mo-Fr 9-17, Sa 10-13 Uhr. Krautwerkstatt: Di-Do jeweils um 14, 15 u. 16 Uhr. Erw. € 2, Kinder frei.*

liebhaber kommen bei Pannfisch, süßsaurem Matjes mit Stippe oder Scholle Büsumer Art mit Krabben komplett auf ihre Kosten. Apropos Krabben: Sie gehören für die meisten Urlauber zur Nordsee wie Wind, Wellen und Gezeiten. In manchen Häfen kann man die schmackhaften Nordseegarnelen direkt vom Kutter kaufen. Anschließend pulen und gleich aufessen – das macht auch Kindern Spaß. Zwar gibt es mittlerweile Betriebe mit Pulmaschinen, doch machen die meisten Krabben noch einen Umweg über Marokko, Polen oder Russland.

Ein anderes Mitglied der Familie Krabbe ist der Taschenkrebs. Er wird rund um Helgoland gefischt und das eiweißhaltige Muskelfleisch seiner Scheren, die sogenannten Knieper, gilt auf dem roten Felsen als Spezialität. Seit sich die Biologische Anstalt auf Helgoland um Aufzucht und Erhalt des Helgoländer Hummers bemüht, ist er wieder vereinzelt auf den Speisekarten der Insel zu finden. Ein reines „Zuchttier“ ist die Sylter Auster, die seit 1986 vor Sylt kultiviert wird. Auch auf dem Festland ist sie erhältlich – und wer auf den Geschmack gekommen ist, kann sie sich einfach nach Hause schicken lassen.

Und dann gibt es natürlich in jedem Ferienort die Fischwagen oder Imbisse, die leckere Fischbrötchen in der Auslage haben. Für Backfisch oder Fischfrikadelle sind meist auch Kinder zu begeistern, alternativ gibt es aber auch Currywurst oder Pommes rot-weiß. Eine gute und preiswerte Sache für alle, die einen Erlebnistag

Besonders delikat: frische Krabben

an der Küste nicht wegen eines langen Mittagessens unterbrechen möchten.

Fleisch & Co
Neben Schnitzel, Schweinebraten oder im Herbst auch Wild sind viele Lammgerichte auf den Speisekarten der Nordseeküste „heimisch". Besonders delikat ist das Fleisch der Salzwiesenlämmer, die auf den Wiesen im Vorland der Deiche aufwachsen. Im Frühsommer, wenn die ersten Lämmer geboren werden, feiert ganz Nordfriesland die Nordfriesischen Lammtage (siehe S. 115). Vermehrt werden an der Küste auch robuste Galloway-Rinder gehalten, die fast das ganze Jahr über auf der Weide bleiben. Die Kälber werden mit Muttermilch aufgezogen, wodurch das Fleisch noch schmackhafter wird (siehe Kasten S. 112). In der Spargelsaison werden die zarten Stangen vom lange gereiften Holsteiner Schinken begleitet und im Herbst/Winter gibt's viel Grünkohl mit herzhaftem Speck, Kochwürsten und deftigen karamellisierten Kartoffeln.

Desserts und Kuchen
Fast überall steht die traditionelle rode Grütt, rote Grütze aus allerlei Beerenfrüchten, auf der Karte, dazu Vanillesauce oder Eis. Im Spätsommer auch Fliederbeersuppe, die oft mit Apfelstücken und Mehlklüten (Klößchen) serviert wird. Nachmittags locken unter anderem die Friesentorte aus Blätterteig, Sahne und Pflaumenmus, köstliche Obstkuchen mit allem, was Bäume und Sträucher gerade hergeben, luftige Windbeutel oder köstliche Futtjes, in Butterschmalz ausgebackene Hefeteigbällchen.

Alles Käse?

Schafe gibt's auf Eiderstedt (fast) so viele wie Einwohner, Milchschafe wie die von Familie Volquardsen sind allerdings eine Ausnahme. Im Hofladen der **FRIESISCHEN SCHAFSKÄSEREI** auf Eiderstedt gibt es neben Käsesorten wie dem „Frischen Friesen" oder dem „Tetenbüller" alles rund ums Schaf, von Wurst bis Wolle. *Kirchdeich 8, 25882 Tetenbüll, Tel. 04862-348, info@friesische-schafskaeserei.de, www.friesische-schafskaeserei.de. Hofladen Mo-Fr 10-18, Sa 10-14, Führung Mai-Okt Di/Fr 15 Uhr, Juli/Aug auch Do. Erw. € 3,50, Kinder (6-16 J.) € 1,50.*

Flüssige Begleitung
Zu einem herzhaft-rustikalen Essen passt natürlich am besten ein kühles Bier und als Digestif ein Köm (Korn). Zu jeder Tageszeit trinkt man in Nordfriesland Tee mit süßem Kandiszucker, der gern mit einem ordentlichen Schuss Rum „verfeinert" und damit zum Teepunsch wird. An kalten Tagen wärmen ein Pharisäer, Kaffee mit Rum und Schlagsahne, der oft selbst gemachte Eiergrog, ein Gemisch aus Rum, Eiern, Zucker und heißem Wasser, und die Tote Tante, Kakao mit – Überraschung – Rum. Die kleinen Genießer bekommen die letztere Version selbstverständlich ohne „Überraschung", sondern stattdessen mit viel Sahne – lecker!

2

KINDERFREUNDLICHE STRÄNDE

Friedrichskoog-Spitze

Wer in Friedrichskoog (siehe S. 32) an den Strand möchte, fährt 4 Kilometer gen Westen zum Ortsteil Friedrichskoog-Spitze. Schon auf dem Weg vom Parkplatz kommen Ihnen Kinder und Erwachsene auf Kettcars entgegengeradelt – man merkt sofort: Friedrichskoog ist ein Familienbad *[Kettcar-Verleih: „Café Eiszeit", Koogstr. 134, 25718 Friedrichskoog, Tel. 04854-90 42 44. Z. B. 2 Zweisitzer, inkl. 1 Eisbecher, pro Std. € 18]*. Der Turm am Strandaufgang, von Juni bis August Stützpunkt der DRK-Rettungsschwimmer, ist nicht zu verfehlen. In Sichtweite liegt der **FAMILIENSTRAND** am Gründeich mit Strandmuscheln und -körben. Letztere stehen immer offen, wer mag, nimmt Platz, und nach einiger Zeit kommt der Service zum Kassieren (€ 5/Tag). Über Treppen gelangt man ins flache Wasser bzw. bei Ebbe in den Schlick. Kinder erobern als Erstes die Rutsche am Ufer, die zum **WATTSPIELPLATZ** gehört. Da Toben und Matschen hungrig machen, befinden sich hinterm Deich Restaurants, Cafés und Läden.

Auch sonst kommt in Friedrichskoog keine Langeweile auf: Auf dem **PIRATENSPIELPLATZ** beim Strandaufgang kann man ordentlich im Sand wühlen. Zum Auspowern stehen Trampoline und ein Beachvolleyballfeld für die Kids zur Verfügung. Im **HAUS DES KURGASTES** wird in der Kreativwerkstatt gebastelt und montags darf in der Holzwerkstatt gezimmert, gesägt und geschliffen werden *[Tourismus-Service Friedrichskoog, Haus des Kurgastes, Koogstr. 141, 25718 Friedrichskoog, Tel. 0800-202 00 60 (kostenlos), info@friedrichskoog.de, www.friedrichskoog.de. Ostern-Herbstferien Kreativwerkstatt Mo-Fr 10-12, Holzwerkstatt Mo 14-16 Uhr. Ausschließlich Materialkosten]*.

Jeden Donnerstag von Juli bis August kann das Tanzbein geschwungen werden, denn ab 18 Uhr steigt im Park am Deich das „Festival am Deich" mit wechselnden Bands – inklusive Kinderdisco.

In Friedrichskoog wird der Deich zum Strand

ANFAHRT: *Mit dem Auto B 5 zwischen Marne und Meldorf, in Krumwehl bzw. Trennewurth Richtung Friedrichskoog, am Ende der L 144. Per Bahn bis St. Michaelisdonn, dann Bus 2509 bis Marne, dann Bus 2510 bis Friedrichskoog-Spitze.*

Perlebucht/ Büsum

Familien, die in Büsum Urlaub machen, pilgern bei Sonnenschein zur Perlebucht (100.000 Quadratmeter Wasserfläche!). Auf der künstlichen Sandbank, der Watt'n Insel, ist es im Sommer dann auch richtig voll. In der Mitte wird die geschützte Bucht durch eine Seebrücke geteilt. Im Nordbecken haben die Anfänger der **WASSERSPORTSCHULE** ihr Stehrevier, zudem kann man Tretboote, Kajaks und Paddelboards, sogenannte SUPs, mieten *[Wassersportschule Büsum, Station auf der Watt'n Insel Familienlagune Perlebuch, Tel. 0172-672 70 87, info@wassersport-buesum.de, www.wassersport-buesum.de. Schnupperkurse (2 Std.) z. B.: Windsurfen (ab 7 J.) € 40; 20 Min. Tretboot € 5, Kajak ab € 4]*. In der anderen Hälfte des flachen Beckens ist den ganzen Tag lang baden angesagt, ohne dass die Ebbe die Nordsee stiehlt – von Mitte Mai bis Anfang September unter Aufsicht der DLRG. Austoben können sich Kids auf den **SPIELPLÄTZEN** oder der **TRAMPOLINANLAGE** *[Happy Jump, Tel. 0179-128 63 92, www.happy-jump.de. Mai-Anf. Sep tgl. 10-22 Uhr. Ab 2 J., 10 Min. € 2]*. Fürs leibliche Wohl sorgt die **BEACH-BAR** der Wassersportschule.

Südöstlich von Insel und Bucht erstreckt sich der Gründeich, der sommers mit fast 2.000 Strandkörben gepflastert ist. Wer Abwechslung sucht, der spaziert auf der Promenade bis zum Hauptstrandaufgang. Die Freitreppe geradeaus führt zur Strandallee, dem geschäftigen

Romantisch: Sonnenuntergang über dem Gründeich von Büsum

Mittelpunkt Büsums (siehe S. 37). Oben sind die Schlechtwetteralternativen versammelt: das **PIRATENMEER** (siehe Kasten) und neben dem Gesundheitszentrum Vitamaris der **MINI-MAXI-CLUB**. Vormittags werden hier 2- bis 13-Jährige betreut, nachmittags gibt es Bastelstunden *[Südstrand 11, 25761 Büsum, Tel. 04834-90 91 19, veranstaltung@buesum.de, www.buesum.de. Ende April-Anf. Sep und in den Ferien Mo-Fr 8.30-12.30 freie Spielzeit, kostenlos für Gästekartenbesitzer, nachmittags kostenpflichtig]*.

ANFAHRT: *Mit dem Auto zur Perlebucht den Schildern zu den Campingplätzen Sandstrand folgen, es gibt mehrere gebührenpflichtige Parkplätze, kostenfreie z. B. im Hummer- u. Krabbengrund. Per Bahn bis Büsum, 5 Min. Fußweg zum ZOB, dann Bus 2612 oder 2712 bis Perlebucht.*

Wasserspaß nonstop

Im Erlebnisbad **PIRATENMEER** muss niemand auf die Flut warten: Mehr als 600.000 Liter Meerwasser sorgen im „Störtebecken“ regelmäßig für hohe Wellen. Highlight ist die 110 Meter lange „Long John Silver“-Wasserrutsche, auf der kleine Seeräuber mit 36 Stundenkilometern hinunterrauschen. *Südstrand 9, 25761 Büsum, Tel. 04834-90 91 33, info@piratenmeer.de, www.piraten-meer.de. Bad Mai-Okt Mo-Sa 10-20, So 10-19, Nov-April tgl. 12-19 Uhr. Tageskarte Erw. € 12,30/mit Gästekarte € 8, Kinder (3-17 J.) € 7,50, Familien € 32/mit Gästekarte € 21.*

Düne/ Helgoland

Helgoland (siehe S. 42) hat eine kleine Schwester: Etwa einen Kilometer entfernt liegt die 40 Hektar große Düne, rundum von feinstem weißem Sand umgeben. Eine richtige Badeinsel und eine Oase für alle, die im Urlaub einfach abschalten und sich ganz aufs Familienleben konzentrieren wollen. Die gesunde, salzhaltige Luft ist eine Wohltat für Asthmatiker und Allergiker: Auf Helgoland gibt es weder Autos noch Bäume. Der Nordstrand ist beliebt bei FKK- und Surffans, die sich in der gischtigen Brandung vergnügen. Und Zwerge freuen sich über die große Kletterburg auf dem Spielplatz hinter den Dünen, nahe dem Campingplatz.
Am flachen, breiten Ufer des Südstrands fühlen sich Familien mit (Klein-)Kindern wohl. Das türkisfarbene Wasser kräuselt sich an Sonnentagen in sanften Wellen und lässt Karibikfeeling aufkommen. Ob im Norden oder Süden, man kann den ganzen Tag baden, faulenzen, Muscheln oder den roten Feuerstein sammeln, den es nur auf Helgoland gibt. Direkt am Südstrand offeriert

Badedüne vor Helgoland: viel Sand zum Buddeln und Matschen

das **DÜNENRESTAURANT** bodenständige Gerichte, Snacks und Eis *[27498 Helgoland, Tel. 04725-544, www.duenenrestaurant.de. Ostern-Ende Okt ab 11.30 Uhr]*. Im Norden lädt die Terrasse des **FLUGHAFENRESTAURANTS** dazu ein, die Starts und Landungen der Linien- und Chartermaschinen zu beobachten *[Tel. 04725-71 23, 27498 Helgoland, www.flughafen-helgoland.de. Tgl. 8.30-15.30 Uhr]*. Selbst im Hochsommer wird es an den Stränden der Düne nicht voll – sogar Kegelrobben kommen gern hierher, um ein Sonnenbad zu nehmen.

ANFAHRT: *Siehe Tour 3, S. 42. Dünenfähre ab Helgoland Landungsbrücke oder Nord-Ost-Hafen, Mai-Anf. Okt alle 30 Min. 8-19 Uhr, erweiterte Fahrpläne im Sommer und Winterfahrzeiten bei der Tourist-Info (Tel. 04725-20 67 99) erfragen. Erw. € 5, Kinder € 2,50, 12er-Karte € 50/€ 25.*

Robben-Watching

Der **VEREIN JORDSAND** bietet fast das ganze Jahr über **DÜNENFÜHRUNGEN** an, natürlich auch zu den Liegeplätzen der Kegelrobben. Im Winter (Nov-Anf. Jan) ist das besonders spannend, denn dann kommt der pelzige Nachwuchs zur Welt. Wer etwas zum Schutz der Tiere beitragen möchte, kann eine „Robbenpatenschaft" erwerben (€ 100/Jahr). Von März bis Juli unternehmen die Mitarbeiter übrigens auch Erkundungstouren zum **LUMMENFELSEN** (siehe S. 45). *Hummerbude 34-35, 27498 Helgoland, Tel. 04102-326 56, info@jordsand.de, www.jordsand.de. Führungen kostenlos, Spenden willkommen.*

St. Peter-Ording

Sand, Dünen und Meer, so weit das Auge reicht: Am 12 Kilometer langen und bis zu 2 Kilometer breiten Strand von St. Peter-Ording findet jeder ein passendes Plätzchen. Bereits 1838 kamen die ersten Gäste, um die gesunde Luft und die Landschaft zu genießen, heute verbucht das Heil- und Schwefelbad über 2 Millionen Übernachtungen jährlich. Von Süd nach Nord teilt sich der Strand in fünf Abschnitte parallel zum Deich. Der Weg zum Wasser ist recht weit und führt über Fahrrad- und Fußstege. Da sind die Bollerwagen, die bei den **FAHRRADVERLEIHEN** in allen Ortsteilen zu mieten sind, ganz praktisch *[Adressen über die Tourismus-Zentrale St. Peter-Ording, Maleens Knoll 2, 25826 St. Peter-Ording, Tel. 04863-99 90, info@tz-spo.de, www.st-peter-ording.de]*. Bequem: Auf den Stränden von Böhl und Dorf hält der Bus (Benutzung für Gästekarteninhaber kostenlos!), auf den Böhler und den **ORDINGER STRAND** kann man sogar mit dem Auto fahren *[März-Okt € 6]*. In der Saison sind stets Rettungsschwimmer vor Ort, Bojen markieren die flachen Badezonen. Überall dürfen Kids Drachen steigen lassen, es gibt Volleyballnetze, Spielplätze, Toiletten, Strandkörbe und natürlich die berühmten **PFAHLBAUTEN-RESTAURANTS**, sodass niemand Proviant mitschleppen muss. Im Juli und August sind alle Badestellen – außer in Dorf – Schauplatz lustiger Strandspiele, Sandfigurenwettbewerbe und Body-Painting-Aktionen *[Infos: Tourismus-Zentrale, siehe oben]*.

Watt und Wellen

Ein Blick auf den Tidenkalender verrät, wann man am **STRAND VON ST. PETER-BÖHL** (siehe S. 52) nicht nur im Watt matscht. Bei Flut können die

Am langen Strand von St. Peter-Ording ist für alle Platz

Nordsee unter Dach

In der **DÜNEN-THERME** ist das ganze Jahr über Nordseespaß angesagt: Alle halbe Stunde heißt es: „Vorsicht: Wellen!“, im Erlebnisbecken mit Sprudelliegen und Massagedüsen kann man entspannen, während Wagemutige die 120-Meter-Rutsche hinabschießen. Süßwasserbecken für Minis, Saunalandschaft und der Außenpool mit 30 °C warmem Wasser runden den Spaß ab. *Maleens Knoll 2, Tel. 04863-99 91 61, info@duenen-therme.de, www.st-peter-ording.de/duenen therme.html. Mitte März-Okt tgl. 10-22, Nov-Mitte März Mo-Fr 14-22, Sa/So 10-22 Uhr. Z. B. 2,5 Std./Tageskarte Erw. € 9,50/13,50, Kinder € 6,50/8,50, Fam. € 25,50/33,50, Erw. ohne Gästekarte zahlen zusätzl. € 1-3 Kurabgabe (saisonabhängig).*

Lütten im flachen, ruhigen Wasser baden. Noch beschaulicher ist die **BADESTELLE SÜD** im Ortsteil Dorf: Der Strand wird von der offenen See durch die Ausläufer der großen Sandbank abgeschirmt, sodass auch bei Hochwasser kein Zwerg von den Wellen umgeworfen wird.
Wen der rund einen Kilometer lange Fußmarsch über die Seebrücke nicht schreckt, der genießt in **ST. PETER-BAD** den ganzen Tag die Nordseebrandung – bei Ebbe zieht sich das Meer nur 200 Meter zurück, Spielgefährten sind hier schnell gefunden. Im Norden grenzt die Badezone an das Surfrevier des Hauptstrands von Ording. Ein Paradies für Sportler und Zuschauer: Hier steht das **WASSERSPORTCENTER X-H2O** *[Ordinger Strand, Tel. 04863-47 88 00, info@x-h2o.de, www.x-h2o.de. Z. B. Schnupper-Surfen (ab ca. 6 J.) € 12/2 Std.]*, Kitebuggys und Strandsegler sausen auf der weitläufigen Fläche herum, im Wasser tummeln sich Kiter und Surfer. FKK-Fans breiten ihre Handtücher an der **BADESTELLE ORDING-NORD** aus. Neben dem Strandparkplatz liegt übrigens das Eventgelände: Während der Großveranstaltungen wie dem Drachenfestival oder dem Smart Beach Cup (siehe S. 115) wird es am Ordinger Strand richtig voll.

ANFAHRT: *Mit dem Auto von Büsum L 305/L 33, sonst B 5/B 202, Strandabschnitte sind ausgeschildert. Per Bahn bis Bad St. Peter-Ording, dann Bus 1082 oder 1084 bis Ording/Dorf/Böhl.*

Mit dem Rad direkt an die Waterkant

Dünen und Sand, so weit das Auge reicht: Zugang zum Amrumer Kniepsand

Nebel/Amrum

Amrums Kniepsand ist mit rund 10 Quadratkilometern einer der größten Strände Europas und geht direkt in den Dünengürtel der Insel über. In **WITTDÜN** kann man von der Ortsmitte direkt zum bewachten Strand spazieren, der hier recht schmal ist. Die Nordseebrandung ist kaum zu spüren, schön also für die ganz Kleinen. Westlich davon entfaltet sich der Kniepsand in voller Breite (ca. 1,5 km). Hier gibt es viel Platz und Ruhe. Mehr Action bietet das Strandleben in Nebel und Norddorf. Rettungsschwimmer, sanitäre Anlagen und Strandkörbe *[ca. € 12/Tag, € 49/Woche]* gibt es natürlich überall.

Viele Wege führen zum Strand
Der Badestrand von **NEBEL** ist zu Fuß auf den Dünenwegen, per Fahrrad und per Pkw über den Strunwai zu erreichen. Geparkt wird neben der Kniepsandhalle, Ort zahlreicher Veranstaltungen. Zum Wasser ist es etwas weiter – der feine, weiße Kniepsand ist rund 800 Meter breit. Auf dem Bohlensteg lässt sich die Strecke auch mit Karre oder einem gemieteten Bollerwagen *[ca. € 3]* bewältigen. Zur Strandkorbvermietung am Strand gehört eine kleine **SURFSCHULE**, die auch Schnupperkurse für Kinder bietet *[Infos Strandkorbvermittlung Nebel, Schnupperkurs (3 Std.) € 50]*. Spielplatz, Volleyballnetz, Fußballtore und Kiosk sind vorhanden. Fürs leibliche Wohl sorgt der **STRANDPIRAT** *[Strunwai 44, 25946 Nebel, Tel. 04682-96 81 20, www.strandpirat-amrum.de]*. In Sichtweite der Terrasse kann der Nachwuchs weiterbuddeln.

ANFAHRT: *Mit dem Auto siehe Tour 8, S. 69, sonst Fähre bis Wittdün, dann Bus bis Nebel Strandweg.*

Norddorf/ Amrum

Am trubeligsten ist der Kniep bei **NORDDORF**. Kein Wunder, bis zum Wasser sind es hier nur rund 200 Meter und Schwimmer wie Surfer freuen sich über feine Nordseewellen. Vorbei am Servicegebäude mit dem **STRAND 33** (siehe S. 73) spaziert man auf dem Asphaltweg fast bis zu den Strandkörben in der ersten Reihe. Oder man baut etwas abseits die Muschel auf, die flugs von den Kids mit einem großen Wall umgeben wird. Dank der nur allmählich zunehmenden Wassertiefe erwärmt sich die Nordsee bei Sonnenschein recht schnell, zudem ist die Strömung gering, sodass dem Badespaß nichts im Wege steht. Links geht der Textilbereich in den FKK-Strand über, rechts haben die Surfer ihren Spot. Bei der **SURFSCHULE** mit Kiosk können sportliche Kids Surfen und Katamaransegeln lernen oder sich gegen einen kleinen Obolus ein Paddelbrett leihen und damit über die Wellen schippern *[Ricklef Boyens, Tel. 0160-427 60 84 u. 0171-484 93 16, info@surfschule-amrum.de, www.surfschule-amrum.de. Schnupperkurs Surfen € 75/3 Std., Katamaran € 280/8 Std.]*. Kostenlos ist der **SPIELPLATZ** mit Trampolin.

Weil auch auf Amrum nicht immer die Sonne scheint, gibt es noch das **AMRUMBADELAND** mit wohligem 30 °C warmem Nordseewasser im Wellenbad, Sprudelbucht, Massagedüsen und Saunalandschaft *[Am Schwimmbad 1, 25946 Wittdün, Tel. 04682-94 34 31. Wellenbad tgl. 10-18 Uhr. 1 Std./Tageskarte Erw. € 6/15 (ohne Gästekarte doppelter Preis), Kinder (3-16 J.) € 4/10]*.

ANFAHRT: *Mit dem Auto siehe Tour 8, S. 69, sonst Fähre bis Wittdün, Bus bis Norddorf Mitte.*

Buddeln ausdrücklich erwünscht!

Wyk/Föhr

Mitten im Wattenmeer liegt die grüne Insel Föhr (siehe S. 75) geschützt vor der rauen Nordsee. 4 Kilometer feinster Sandstrand umgeben die Inselhauptstadt Wyk vom Fähranleger im Osten bis auf die Höhe des Flugplatzes im Südwesten – viel Platz für Sonnenanbeter, Muschelsammler und Strandburgarchitekten. Starke Strömungen gibt es nicht und das Ufer ist flach. Auf der Suche nach einem Strandkorb oder Platz für die Strandmuschel kann man auf der Promenade die gesamte **BEWACHTE BADEZONE** abschreiten. Kurz hinter der Mittelbrücke mit DLRG-Station findet sich der erste Nichtraucherbereich (Abschnitt 4). Von hier aus ist es nicht weit zur Fußgängerzone, zum **FREIZEITHELFER-LADEN** (siehe Kasten) und zum Musikpavillon, Schauplatz der Piratentage (siehe Kasten S. 75). Am **SÜDSTRAND** bieten gleich zwei **SURFSCHULEN** Bambinikurse im Surfen und Segeln an – beliebt sind auch die Barbecues und Strandpartys mit Beachsoccerturnier *[Abschnitt 13: Windsurfing Föhr, Peter Schaper, Tel. 04681-747 19 76, windsurfingfoehr@freenet.de, www.windsurfing-foehr.com. Abschnitt 22: Schapers, Bistro u. Wassersport Center, Tel. 04681-58 00 87, wassersport@schapers.info, www.schapers.net. Mai-Sep. Kinder (ab 5 J.) ab € 100]*. Drachendompteure dürfen am Abschnitt 19/20 ihrem Hobby nachgehen. Wer kein Picknick mitgebracht hat, wird in den **BEACHBARS DER SURFSCHULEN** fündig oder schlendert in die Stadt.

Für jeden der passende Strandabschnitt

Freizeithelfer

Filzen, Werken, Zauberworkshops, Wattwanderungen … Die vielfältigen Angebote des **FREIZEITHELFER-LADENS** richten sich immer an Eltern und Kinder. Manche sind gratis wie die abendliche Gutenachtgeschichte (Spenden willkommen). Von Mitte Juni bis Mitte September sind die Freizeithelfer übrigens auch in Nieblum mit Familien-Olympiaden & Co vertreten. *Sandwall 38, 25938 Wyk auf Föhr, Tel. 04681-503 49, freizeithelfer@t-online.de, www.freizeithelfer-wyk.de. März-Ende Sep. Z. B. „Zaubern wie Harry Potter" (ab 8 J.) € 4.*

ANFAHRT: *Mit dem Auto siehe Tour 9, S. 75, sonst Fähre bis Wyk, zum Südstrand Bus 3 bis Strandweg/Gmelinstraße.*

Nieblum und Goting/Föhr

Von Wyk im Osten bis Utersum im Westen erstreckt sich ein rund 15 Kilometer langer Strand. Etwa in der Mitte liegt der feinsandige Abschnitt von **NIEBLUM** (siehe S. 78), vom Ort aus über die Strandstraße erreichbar (ca. 1,5 Kilometer). Rechts hinter dem Dünenwall liegt die **SURFSCHULE**, hier sausen sogar Kitebuggys über den Strand *[Nieblumer Windsurfing Schule, Jens-Jacob-Eschel-Str. 27, 25938 Nieblum, Tel. 04681-47 66, huecki@nws-foehr.de, www.nws-foehr.de. Schnupperkurs Surfen z. B. € 50].*

Aus dem Strandkorb die Weite genießen

Ein **KIOSK** versorgt Schaulustige und Sportler mit Snacks. Gen Osten ist es weniger lebhaft, sodass dem puren Bade- und Buddelvergnügen nichts im Wege steht.
Westlich der Surfschule darf man Drachen steigen lassen und Hunde mitbringen. Wer weiter in diese Richtung wandert, kommt zum **GOTING-KLIFF** (siehe S. 78). Ein ruhiges Idyll, das vor allem Familien schätzen.
Auf Rettungsschwimmer, WCs und Strandkörbe muss man nicht verzichten und hinter den Dünen gibt es einen **SPIELPLATZ**, den kleine Strandbesucher gern frequentieren. Ganz in der Nähe lockt das **KLIFF-CAFÉ** mit selbst gebackenem Kuchen und deftigen Kleinigkeiten. Wer Bewegung braucht, schwingt auf der hauseigenen **MINIGOLFANLAGE** den Schläger *[Klafwai, 25938 Nieblum/Goting, Tel. 04681-36 60, www.kliff-cafe.de. Tgl. ab 11 Uhr. Minigolf € 2,50/Pers.].*

ANFAHRT: *Mit dem Auto siehe Tour 9, S. 75, sonst Fähre bis Wyk, dann Bus 2 oder 22 bis Nieblum/Tankstelle bzw. Goting.*

Was lebt denn da?

Wer nicht nur in der Nordsee baden, sondern mehr übers Wattenmeer erfahren möchte, sollte sich die **ERLEBNISAUSSTELLUNG DES NATIONALPARK-ZENTRUMS** im Wyker Rathaus ansehen. In den Aquarien kann man Knurrhahn und Katzenhai in die Augen schauen, an den Mitmachstationen Ringelgans und Austernfischer lauschen. *Hafenstr. 23, 25938 Wyk auf Föhr, Tel. 04681-42 90, nph-foehr@lkn.landsh.de, www.nph-foehr.nationalparkservice.de. April-Okt So-Fr 10-17.30, Nov-März Mi/Sa 14-17 Uhr. Erw. € 2,50, Kinder € 1,20, Fam. € 6.*

Westerland/ Sylt

Am 7 Kilometer langen Strand von Westerland (siehe S. 80), gespickt mit rund 3.000 Strandkörben, findet jeder seinen Platz an der Sonne. Zugegeben: Familien mit jüngeren Kindern, die einfach nur die Natur, den Sand und das Meer genießen möchten, sind hier fehl am Platz. Aber wer nur für einen Tag auf Sylt oder gern mitten im Geschehen ist, der sollte sich den Hotspot für Vollzeit-Strandurlauber nicht entgehen lassen.

Sport & Spiel

Am zentralen **FUN-BEACH BRANDENBURG**, dem Revier der Wassersportler, kämpfen Sportbegeisterte täglich beim Beachvolleyball und -soccer um den Ball (Zugang über Brandenburger Straße). Wem das nicht reicht: Die **SURFSCHULE** bietet Schnupperkurse an und man kann sich auf Bananenbooten über die Wellen ziehen lassen *[Surfschule Sunset Beach, Brandenburger Str. 15, 25980 Westerland, Tel. 04651-271 72, info@sunsetbeach.de, www.sunsetbeach.de. Schnupperkurs Surfen € 95/3 Std., Bananenboot p. Pers. € 9/15 Min. Restaurant tgl. 10-22 Uhr]*. Gleich an der Promenade liegt auch der tolle Spielplatz der **VILLA KUNTERBUNT** mit Trampolin,

Das Piratenschiff an der Villa Kunterbunt: die perfekte Kulisse für kleine Seeräuber

Wikingerschiff und Riesenrutschen

Auch bei Sturm und Regen sind Badefans an der Westerländer Promenade richtig. Mit Wellenbecken und Strömungskanal macht die **SYLTER WELLE** ihrem Namen alle Ehre. Die Renner für Kids sind die 120 Meter lange Riesen-Reifenrutsche, die Black-Hole-Rutsche, die Turborutsche und das Wikingerschiff im Planschbecken.
Strandstr. 32, 25980 Westerland, Tel. 04651-99 81 11, www.sylterwelle.de. Tgl. 10-22 Uhr. 4 Std. Erw. € 10, Kinder (4-17 J.) € 6, Fam. € 26, ohne Gästekarte (ab 18 J.) zzgl. € 1,75 (Nebensaison) bzw. € 3,50 (Hauptsaison).

Leuchtturm und Piratenschiff. In der Villa selbst können Kinder allerhand unternehmen, wenn sie Urlaub von den Eltern brauchen – oder umgekehrt: Piratentage, Wikingertreffs, bei denen Schwerter gebaut werden, Abenteuerreisen am Strand oder einfach nur Geschichten hören und spielen *[Obere Promenade, 25980 Westerland, Tel. 04651-99 82 75, urlaub@insel-sylt.de, www.insel-sylt.de/villa-kunterbunt. Betreuung Mai-Okt Mo-Fr 9-17 Uhr, 3 Std. € 8/€ 11 (ohne Gästekarte), Nov-April Mo-Fr 9.30-15 Uhr, 3 Std. € 13, jede weitere Std. € 4, Aktionen ab € 22]*.

Ruhe & Naturerlebnis
Wer am Westerländer Strand entspannt ein Buch lesen möchte, während die Sprösslinge mit Eimerchen und Schaufel losziehen, findet ruhigere Plätzchen an den südlichen und nördlichen Enden der befestigten Promenade, z. B. am Abschnitt 4.22/Lornsenweg mit Rettungsstation. Von hier aus ist es nicht weit zum **FRIEDRICHSHAIN**. In dem neun Hektar großen Naturerlebnisraum ist erlaubt, was sonst in Parks verboten ist: auf Bäume klettern, am Ufer des Weihers im Matsch spielen oder Verstecke bauen. Von April bis Oktober bietet die Gemeinde auch kostenlose Veranstaltungen an *[Termine im Veranstaltungskalender der Tourist-Info]*.
Tipp: Für Familien mit ganz jungen Strandentdeckern empfiehlt sich der **HÖRNUMER OSTSTRAND** an der Wattseite der Insel: Hier pustet der Wind nicht allzu stark und die Nordsee zeigt sich von ihrer ruhigeren Seite.

ANFAHRT: *Mit dem Auto siehe Tour 10, S. 80, sonst per Bahn bis Westerland, dann Bus 1 bis Johann-Möller-Platz.*

Wohin geht die nächste Reise?

Wenningstedt/ Sylt

In Wenningstedt gerät der Strand manchmal zur Nebensache, so viel gibt's für Kids zu tun. Wer beim InselCircus Mignon (siehe S. 98) mitmachen darf, für den ist der Urlaub sowieso ein Erfolg. Doch der weiße Strand am bis zu 50 Meter hohen Roten Kliff soll hier nicht vernachlässigt werden. Dünenpfade, Bohlenstege und -treppen führen zu den Badestellen, für Buggyfahrer empfiehlt sich der Zugang beim Parkplatz Risgap. Mit tobefreudigen Kids begibt man sich am besten in den Norden, denn am **RESTAURANT WONNEMEYER** ist ein riesiges Piratenschiff gestrandet. Hier kann man prima klettern und sich in der Brandung abkühlen. Wer Hunger bekommt, setzt sich bei Wonnemeyer an die Tische im Sand und verspeist Currywurst mit Pommes oder ausgezeichneten Fisch *[Am Strand Nr. 1, 25996 Wenningstedt, Tel. 04651-452 99, info@wonnemeyer.com, www.wonnemeyer.com]*. Ist der Wettergott nicht wohlgesonnen und die Temperaturen zum Baden leider zu kühl, gibt es neben der Norddörfer Halle, jenseits der L 24, die **MINI-CROSS-BAHN**. Dort kommen kleine Motorcracks ab 6 Jahren voll auf ihre Kosten. Mit Luftkissen und Strohballen ist die Strecke gesichert, sodass hier mal ordentlich Gas gegeben werden darf *[25996 Wenningstedt, Tel. 04651-299 76 83, hermann@mini-cross.de, www.mini-cross.de. Ende Juni-Anf. Sep tgl. 10-13, 15-20 Uhr. Pro Fahrt € 10, Helme, Handschuhe etc. werden gestellt]*.

ANFAHRT: *Mit dem Autos siehe Tour 10, S. 80, sonst per Bahn bis Westerland, dann Bus 1 bis Wenningstedt-Mitte.*

Weißer Sand am Strand von Wenningstedt

Auf Nummer sicher

Vier Rettungsschwimmerstationen sorgen von Mitte Mai bis September (10.30-17 Uhr) am Wenningstedter Weststrand für Sicherheit. Die geschulten Lifeguards leisten Erste Hilfe oder helfen mit Pflaster aus, falls sich jemand an einer Muschelkante geschnitten hat. Wenn sie die grüne Flagge hissen, steht dem Badespaß nichts im Wege. Die gelbe Flagge signalisiert, dass die See in erheblicher Bewegung ist, kleinere Kinder sollten dann besser an Land bleiben. Weht die rote Fahne, bedeutet das absolutes Badeverbot.

3

ZEHN TOUREN, DIE ALLEN SPASS MACHEN

Tour 1: Robben, Technikwunder und ein Waldabenteuer

FRIEDRICHSKOOG • MARNE • BRUNSBÜTTEL • BURG

WO: *vom südwestlichen Zipfel Dithmarschens zum Nord-Ostsee-Kanal* – **WIE:** *mit dem Auto (ca. 50 km)* – **DAUER:** *Tagesausflug* – **NICHT VERGESSEN:** *Fernglas, Picknickkorb*

Von der platten Marsch in die hügelige Geest – unsere erste Tour entlang der Westküste Schleswig-Holsteins führt durch die abwechslungsreiche Landschaft Süderdithmarschens. Und sie ist vollgepackt mit Abenteuern: Im jungen Nordseeheilbad Friedrichskoog entzücken niedliche Robben, der Betrieb an den Schleusen des Nord-Ostsee-Kanals fasziniert Technikfans, in Burg werden alle zu wahren Naturforschern. Und vielleicht erleben Sie nebenbei, wie sich ein riesiges Kreuzfahrtschiff „durch die grüne Wiese“ (sprich: über den Kanal) schiebt.

Allerhand Wasserbewohner

Vor gar nicht allzu langer Zeit hätten Besucher in **FRIEDRICHSKOOG** nasse Füße bekommen, denn erst 1853 begann man hier, Deiche anzulegen, und der neue Koog, benannt nach dem damaligen dänischen Landesherrn Friedrich VII., entstand. Doch

Das erste Highlight dieser Tour: die Seehundstation Friedrichskoog

Kinder interessiert nicht die Vergangenheit, sondern die höchst lebendige Gegenwart in der **SEEHUNDSTATION FRIEDRICHSKOOG** (siehe S. 87) am Rand des kleinen Hafens. Schließlich wollen sie die erste Fütterung der Seehunde und Kegelrobben um 10.30 Uhr nicht verpassen. Wer danach nicht genug hat, sollte sich die Jungtier-Fütterung um 11.30 Uhr nicht entgehen lassen. Anschließend kann man sich ausgiebig die Nase an den Scheiben im Unterwasserbereich platt drücken, um die putzigen Tiere aus der Nähe zu beobachten.

Wer mag, wandert anschließend um das Hafenbecken und bestaunt den riesigen **SPIELWAL NAMENS WILLI** (siehe Kasten S. 88). Die über 2.500 Quadratmeter große Halle in Form des mächtigen Meeresbewohners ist mit Kletterlabyrinth, Trampolinen und Multifunktionssportfeld ein guter Schlechtwettertipp. Wenn Sie am Wochenende kommen, empfiehlt sich ein Besuch der **SCHUTZSTATION WATTENMEER** ein paar Schritte weiter. In der Ausstellung finden Sie Vogelpräparate und umfangreichen Informationen rund um das Weltnaturerbe Wattenmeer. Kinder können hier u. a. winzige Lebewesen unter dem Mikroskop beobachten. Das Team hat auch verschiedene Wattwanderungen, wie z. B. „Schatzsuche der Schlickpiraten – Wattwanderung für Kinder“ oder eine „Sonnenuntergangswanderung“ im Programm *[Südseite Hafen, 25718 Friedrichskoog, Tel. 04854-92 98. April-Okt Fr/So 14-17, Sa 11-14 Uhr, im Winter abweichende Zeiten. Eintritt frei, Spenden erwünscht. Kinderwattführung Erw. € 5, Kinder € 2,50, Termine auf der Website]*.

Schienen-Segeln

Seit 2004 ist das Städtchen Marne um eine Attraktion reicher: Am **DRAISINENBAHNHOF** in der Bahnhofstraße 41 stehen originelle Fahrraddraisinen, mit denen man die stillgelegte Strecke der Marschenbahn zwischen Marne und St. Michaelisdonn (ca. 9 km) erkunden kann. Bei gutem Wind wird ein Segel aufgesteckt. Zurück geht's auf den Gleisen oder per Drahtesel. *Marschenbahn-Draisinen GbR, Bahnhofstr. 26, 25693 St. Michaelisdonn Tel. 04853-80 73 05, info@marschenbahn-draisine.de, www.marschenbahn-draisine.de oder Tourist-Info Marne (siehe rechts). Mai-Okt. Familienfahrt einfach (2 Erw. u. 2 Kinder bis 16 J. oder 2 Erw. u. 3 Kinder bis 11 J.) € 21, Rückfahrt € 31, jedes weiteres Kind zzgl. € 5/7, 1 Kind im Buggy frei, Fahrradtagesmiete € 4,*

Jecken und Beugelbuddelbeer

Auf schnurgeraden Straßen durch üppige Raps- und Kohlfelder ist **MARNE** schnell erreicht *[Touristik-Info und Touristik Marne-Marschenland e.V., Deichstr. 2, 25709 Marne, Tel. 04851-95 76 86, info@marne.de, www.marne-ferien.de]*. Die kleine Stadt ist für zwei Dinge bekannt: den größten Rosenmontagsumzug der Region und das von Bierkennern

Sommerferienspaß

Kutschfahrten, Barfußwanderungen und Kanutouren – im Sommer stellen die Burger ein buntes Programm für Familien auf die Beine, vieles davon sogar kostenlos. Ein Highlight für Groß und Klein ist die Fledermaus-Führung in der Abenddämmerung. Infos über das Touristikbüro Burg (siehe S. 35).

geschätzte „Dithmarscher“ aus der **PRIVATBRAUEREI KARL HINTZ**. Tipp für die Großen: Nach Anmeldung kann man den Betrieb besichtigen und den Gerstensaft verkosten *[Österstr. 18, 25709 Marne, Tel. 04851-96 20, info@dithmarscher.de, www.dithmarscher.de. Führung (ab 18 J.) Di 15-17.30 Uhr € 7/Pers., Sa 10-14 Uhr € 20/Pers.]*. Die Brauerei liegt mitten im Zentrum, östlich des Ensembles aus Jugendstil-Rathaus und Maria-Magdalenen-Kirche, deren 61,5 Meter hoher Turm nicht zu übersehen ist. Einen Blick sollten Sie ins **RATHAUS** werfen, wo die edlen Schränke, Brauttruhen und Bilder den einstigen Reichtum der Marschbauern erahnen lassen *[Alter Kirchhof 4-5, 25709 Marne, Tel. 04851-959 60 (Stadt Marne). Mo-Fr 8-12, Mo/Do auch 14-18 Uhr. Eintritt frei]*. Ein kurzer Spaziergang den Markt hinunter führt zum **MÜLLENHOFF-BRUNNEN**. Aus ihm „wächst“ ein Wunderbaum, den Männer und Frauen in Dithmarscher Tracht umtanzen. Nach dem kleinen Stadtbummel haben sich alle eine Stärkung auf der schönen Terrasse mit Sandkiste des **STADTCAFÉS KREMER** verdient *[Königstr. 8-10, 25709 Marne, Tel. 04851-30 92, www.stadtcafe-kremer-marne.de]*.

In der Kanal-Metropole
Wenn Sie nicht zu einer Abenteuertour auf Schienen (siehe Kasten S. 33) aufbrechen, folgen Sie der B 5 nach **BRUNSBÜTTEL**. Die Stadt an der Elbe verdankt ihre wirtschaftliche – und touristische – Bedeutung dem 1887 bis 1895 gebauten **NORD-OSTSEE-KANAL** (NOK), der die Elbmündung in die Nordsee mit der Ostsee verbindet. Heute ist der Kanal die meistbefahrene künstliche Seewasserstraße der Welt, in Brunsbüttel werden täglich bis zu 120 Schiffe geschleust. Der erste Weg führt zur **TOURIST-INFO** direkt an den Schleusen *[Gustav-Meyer-Platz 2, 25541 Brunsbüttel,*

Strandoase

Wer meint, die Südseite Brunsbüttels hätte außer viel Industrie nichts zu bieten, irrt: In der Strandbar **COPACANALA** lässt sich ein herrlicher Nachmittag mit Blick auf Schleusen und NOK verbringen. Die Großen schlürfen einen – alkoholfreien – Cocktail im Liegestuhl, die Kleinen buddeln im Sand, schlecken Eis, ab und an gleitet ein Schiff vorbei.
Am Südkai 1, 25541 Brunsbüttel, Tel. 01522-717 05 90, copacanala@web.de. Außer bei Sturm/Regen tgl. 12-0.30 Uhr.

An den Modellen im Schleusenmuseum dürfen auch Kinder viel ausprobieren

Tel. 04852-39 11 86, info@stadt-brunsbuettel.de, www.brunsbuettel.de. Mo-Fr 10-13 Uhr], wo Sie u. a. einen „Traumschiff-Fahrplan" erhalten, der verrät, wann große Kreuzfahrer die Schleusen passieren. Angrenzend liegt das **SCHLEUSENMUSEUM ATRIUM** *[Gustav-Meyer-Platz, 25541 Brunsbüttel, Tel. 04852-88 52 13, atrium@nok-wsa.de, www.wsa-brunsbuettel.de. 15. März-15. Nov tgl. 10.30-17 Uhr. Erw. € 2, Kinder € 0,50]*. Filme, Schautafeln, Schiffsmodelle usw. informieren über die Geschichte des NOK. Natürlich wird auch die Funktion der Schleusen erläutert, die dafür sorgen, dass der Wasserstand auf dem Kanal unabhängig von Ebbe und Flut bleibt. An den Modellen können Kinder per Knopfdruck beobachten, wie sich die Schleusen öffnen und schließen, oder die Signale zum Leuchten bringen.

Schleusen – auch im Miniformat

Danach wollen kleine und große Technikfans natürlich die echten Schleusen sehen. Neben dem Atrium geht es rechts die Treppen hinauf zu den Aussichtsplattformen. Wenn alle genug vom Auf und Zu der Schleusen und den ein- und ausfahrenden Schiffen haben, schlendern Sie die Promenade am Jachthafen entlang und besorgen am **TORHÄUSCHEN** *[Kreystr. 2, 25541 Brunsbüttel, 04852-94 05 77]* Fischbrötchen für alle. Die Kinder zieht es auf das **SPIELDECK**, die Eltern schauen dem Treiben von der Terrasse aus zu. Auf dem maritimen Spielplatz gibt es eine „Schleusenanlage" mit Wasserpumpe, an der Ihre Sprösslinge das soeben Gesehene durchspielen und herrlich matschen können. Tipp: Nur ein paar Schritte entfernt liegt der Fähranleger. Im 10-Minuten-Takt bringen die (kostenlosen) **KANALFÄHREN** „Stettin" und „Berlin" Autos, Linienbusse, Lkws und Fußgänger mit Fahrrad auf die Südseite der Stadt. Vielleicht haben Sie Lust auf eine kurze Spritztour über den Kanal – leuchtende Kinderaugen garantiert.

Hinauf in den Wald

Zurück im Auto geht es weiter Richtung Burg. Bei Kuden fällt die veränderte Landschaft auf: Es wird zunehmend hügeliger, Sie sind in der Geest. In Buchholz fahren Sie links ab (Brookstraße, Grotloheweg) und weiter, leicht bergan, nach **BURG** *[Touristikbüro, Holzmarkt 5, 25712*

Rutschpartie auf dem Waldspielplatz

Burg, Tel. 04825-90 11 94, touristikbuero@burg-dithmarschen.de. Mo-Fr 9-18, Sa 9-12.30 Uhr]. Kurz vor dem Ortseingang ist der Parkplatz des **WALDMUSEUMS BURG** erreicht *[Waldstr. 149, 25712 Burg, Tel. 04825-29 85 u. 930 50 (Gemeinde Burg), info@burger-waldmuseum.de, www.burger-waldmuseum.de. Waldlehrpfad und Spielplatz frei zugänglich, Museum Ostern-Ende Okt Di-So 11-17 Uhr. Erw. € 2,50, Kinder (4-18 J.) € 1,50]*. Schon von außen wirkt der Bau außergewöhnlich. Kein Wunder, denn er ist ein Aussichtsturm mit einer Plattform in 21 Meter Höhe. Hier erfahren kleine Naturforscher an vielen Stationen, wie sich das Fell eines Wildschweins anfühlt, wie eine Maus riecht oder wie es in einem Bienenstock aussieht. Spannend sind auch die Vitrinen etwa mit Pilzmodellen, Tierpräparaten oder Fossilienfunden, die anhand von leicht verständlichen Schautafeln erklärt werden. Zwar liegt der Akzent auf dem Thema Wald, doch auch die Tiere im Watt sind zu sehen und man lernt die Geschichte, Archäologie und Geologie der Region kennen.

Panoramablick und Walderkundung
Zum Schluss klettern alle die 82 Stufen hinauf zur Turmspitze und schauen den Wald von oben an. Zu anstrengend? Dank der Webcam auf dem Dach ist der Ausblick auch am Bildschirm in der Eingangshalle möglich. Wenn die Kids Lust haben, folgen Sie dem Waldlehrpfad (ca. 2 km), der hinter dem Museum beim Spielplatz startet. Oder Sie lassen sich auf einer der Bänke nieder und packen den Picknickkorb aus. Der Nachwuchs saust derweil mit der Seilbahn durch die Luft und erklimmt den Rutschenhügel. Sind nun alle müde? Dann geht es zurück ins Urlaubsquartier.

Arbeit anno dazumal

In einem Kaufmannsladen einkaufen, sehen, wie es beim Zahnarzt um 1920 aussah – im **BURGER MUSEUM** lässt sich Geschichte live erleben. Highlight ist die alte Landapotheke von 1839 u. a. mit Laboratorien und Giftkammer, die sich über mehrere Räume erstreckt. *Burger Museum, Landapotheke, Gewerbe & Schifffahrt, Große Mühlenstr. 6, 25712 Burg, Tel. 04825-90 22 00, info@burger-museum.de, www.burger-museum.de. Ostern-Ende April So 14.30-16.30, Mai-Okt Di, Fr-So 14.30-16.30 Uhr. Inkl. Führung Erw. € 3, Schüler € 1,50, Kinder (unter 6 J.) frei.*

Tour 2: Vom grünen Deich ins Zentrum der „Bauernrepublik“

BÜSUM • HEIDE • MELDORF

WO: *von der Westküste Norderdithmarschens ins Hinterland* – **WIE:** *mit dem Auto* – **DAUER:** *Tagesausflug oder drei Halbtagesausflüge* – **NICHT VERGESSEN:** *evtl. Badezeug, Veranstaltungskalender Heide*

Wer Dithmarschen hört, denkt meist an Kohlköpfe und Windräder. Büsum, eins der beliebtesten Nordseebäder, ist da eher ein Begriff. Auch abseits des Strandlebens gibt es viel zu entdecken: etwa den Hafen, von dem Ausflugsschiffe in die Nordsee und nach Helgoland starten. Nicht weit entfernt liegt die Kreisstadt Heide mit dem riesigen Marktplatz, der rund ums Jahr mit familientauglichen Veranstaltungen lockt. Weniger trubelig geht es in der „Domstadt“ Meldorf zu, in der Museen unterhaltsam die Vergangenheit der Dithmarscher beleuchten.

Vom Piratennest zum Nordseeheilbad

Dass **BÜSUM** bis 1609 eine Insel war, merkt man dem Badeort nicht mehr an. Bereits zu Beginn des 19. Jahrhunderts entdeckten geschäftstüchtige Büsumer den Fremdenverkehr, Ferienunterkünfte, allen voran der Apartmentturm von 1972, prägen das Bild ebenso wie der Hafen mit der größten Kutterflotte der Westküste *[Tourismus Marketing Service GmbH, Südstrand 11, 25761 Büsum, Tel. 04834-90 90, info@buesum.de, www.buesum.de]*.

Vom Parkplatz bummelt man über den Deichweg in die Ortsmitte zur **FISCHERKIRCHE ST. CLEMENS** (um 1442). Kinder machen große Augen, wenn sie hören, dass das bronzene

Die Alleestraße ist die Flaniermeile von Büsum

Lust auf eine Fahrt mit dem Büsumer Krabben-Express?

Taufbecken angeblich den Pellwormern vom Seeräuber Cord Widderich geraubt wurde. Die Alleestraße mit Cafés, Restaurants und Läden führt zur Freitreppe am Hauptstrandaufgang (siehe S. 19). Rechts sind in den **BÜSUMER MEERESWELTEN** neben Steinfischen, Haien, Rochen auch Reptilien zu bestaunen *[Am Südstrand 9 a, 25761 Büsum, Tel. 0173-862 53 77, aquarium.buesum@gmail.com, www.aquarium-buesum.de. März Di/Do-So ab 11, April-Okt tgl. ab 11 Uhr u. siehe Aushang. Erw. € 4, Kinder (3-15 J.) € 2]*. Linker Hand erstreckt sich der **MUSEUMSHAFEN**, wo z. B. das Motorrettungsboot „Rickmer Bock" und die Kutter „Margaretha" und „Fahrewohl" festgemacht haben.

Schiffstörn und Museumsrallye

Kleine Seeleute werden beim Anblick der Schiffe ganz kribbelig. Wie wäre es mit einem Abstecher auf die Nordsee? Am Hafenbecken II, hinter der Persiluhr, legen mehrmals täglich **AUSFLUGSSCHIFFE DER REEDEREI RAHDER** z. B. zu Küsten-, Fang- und Hafenrundfahrten – und nach Helgoland (siehe S. 42) – ab *[Karten im Reetdachhäuschen, Fischerkai 2, 25761 Büsum, Tel. 04834-36 12, info@rahder.de, www.rahder.de. April-Okt. Küstenfahrt Erw. € 8,90, Kinder (2-12 J.) € 5,90, Fam. € 22,90]*. Wer lieber festen Boden unter den Füßen hat, umrundet das Becken und begibt sich zum **MUSEUM AM MEER** *[Am Fischereihafen 19, 25761 Büsum, Tel. 04834-67 34, info@amt-buesum.de, www.museum-am-meer.de. März-Nov Mo-Fr/So 11-17, Sa 13-17, Dez-Jan tgl. 11-16 Uhr. Erw. € 3, Kinder (13-18 J.) € 1,50, (6-12 J.) € 1, Studenten € 2, Familien € 5]*. Hörspiele, Filme, ein begehbares

Stadtrundfahrt

Eine lustige Art, Büsum zu erkunden, ist die Rundfahrt mit dem **KRABBEN-EXPRESS.** Die Kleinbahn auf Rädern ist gleichzeitig der „Linienverkehr" und schuckelt Sie z. B. von der Haltestelle Ankerplatz in fünf Minuten zum Museum am Meer. *Büsumer Kleinbahn, Tel. 04834-47 32, info@buesumer-kleinbahn.de, www.krabben-express.de. April-Okt. Rundfahrt Erw. € 5,50, Kinder (bis 12 J.) € 3, Einzelfahrt ab € 1,30/€ 0,70.*

Auf eine Fischsuppe ins Bistro „Hafenpick“

Direkt am Museumshafen können Sie hausgemachte Fischbrötchen sowie frisch zubereitete Fischgerichte genießen. Ein Muss ist die Fischsuppe nach hauseigenem Rezept, die schon lange ein echter Hit ist. Zu wenig Zeit, um Platz zu nehmen? Die Suppe gibt's auch zum Mitnehmen! *Am Hafen 2, 25761 Büsum, Tel. 0151-46 54 14 91. März-Okt, flexible Öffnungszeiten.*

Ruderhaus oder ein Fremdenzimmer der 1960er-Jahre – anschaulich wird vermittelt, was Büsum ausmacht: Fischerei und Tourismus. Besonders spannend ist der Blick auf eine Krabbensiebanlage, in der die Tierchen nach Größe sortiert werden

.

Viel Platz zum Feiern

Wer einen Ausflug nach **HEIDE** plant, sollte vorab in den Veranstaltungskalender der Stadt schauen *[Touristinfo Heide, Markt 28, 25746 Heide, Tel. 0481-212 21 60, stadtmarketing@heide.de, www.heide-nordsee.de]*. Auf dem größten unbebauten Marktplatz (4,7 ha) Deutschlands wird nicht nur jeden Samstag der Wochenmarkt mit rund 140 Ständen abgehalten – außer während des Heider Marktfriedens (siehe S. 115) –, fast jeden Monat ist die Riesenfläche Schauplatz von Floh- und Jahrmärkten. Neugierige möchten sicher wissen, warum der Markt so groß ist: 1434 kamen Vertreter aller Dithmarscher Kirchspiele an diesem neutralen „Ort auf der Heide“ zusammen, um u. a. die Seeräuberei zu stoppen. Es wurde Frieden geschlossen und man traf sich auch in den folgenden 125 Jahren in Heide, das rasch um den Versammlungsplatz und Markt der „Bauernrepublik“ Dithmarschen wuchs.

Erzählbrunnen und Klettersteine

Den Süden des Marktes schmücken hübsche Bürgerhäuser wie das barocke Dreetörn-Hus. Davor thront der **ST.-GEORG-BRUNNEN** mit Heides Wappenfigur und acht Relieftafeln, die Szenen der Dithmarscher Geschichte zeigen. Von der Süderstraße bis zur Friedrichstraße im Osten zieht sich die Fußgängerzone. Quer über den Markt geht's zur Österweide, wo sich der **WASSERTURM** erhebt. Auf dem

Im Büsumer Museumshafen

Ostpool zu seinen Füßen tummeln sich sommers die Enten, im Winter die Schlittschuhläufer. Außerdem gibt's ein echtes Steingrab von 2700 v. Chr. zu bestaunen Ein Tipp für Regentage: die **MUSEUMSINSEL LÜTTENHEID** im Süden des großem Marktplatzes *[mit Heider Heimatmuseum und Klaus-Groth-Museum, Lüttenheid 40, 25746 Heide, Tel. 0481-637 42, museumsinsel@stadt-heide.de, www.heide.de. Di-Do/So 11.30-17, Fr. 11.30-14, Sa 14-17 Uhr. Erw. € 2,50, Kinder ab 6 J. € 1, Fam. € 4,50]*. Im Heimatmuseum kann man beispielsweise die Werkstätten eines Schusters, Tischlers und Stellmachers anschauen. Nebenan befindet sich das Geburtshaus des Dichters und Schriftstellers Klaus Groth (1819-1899).

Bauernalltag

Ein Hit für Treckerfreunde: Traktoren, Mähdrescher und andere Maschinen aus dem 18./19. Jahrhundert gibt's im **SCHLESWIG-HOLSTEINISCHEN LANDWIRTSCHAFTSMUSEUM**. Im angeschlossenen **DITHMARSCHER BAUERNHAUS** wird das Landleben um 1850 veranschaulicht. *Jungfernstieg 4, 25704 Meldorf, Tel. 04832-97 93 90, kontakt@museum-dithmarschen.de, www.landwirtschaftsmuseum-schleswig-holstein.de. Ostern-Okt Mo-Fr 10-16, Sa/So 11-16, Nov-Ostern Mo-Fr 10-16 Uhr. Erw. € 3, Kinder (ab 6 J.) € 1, Fam. € 4,50.*

Welt der Wissenschaft

Kann man ein Auto mit einem Arm hochheben? Wie macht man Schallwellen sichtbar? Was ist ein Feuertornado? Fragen wie diese beantwortet **PHÄNOMANIA** in Büsum ab Sommer 2017 mit mehr als 200 Experimentierstationen – interaktiv und spannend für alle Altersstufen. *Dr.-Martin-Bahr-Str. 7, 25761 Büsum, Tel. 0201-301 03 12, info@phaenomania-buesum.de, www.phaenomania-buesum.de.*

„Dom" der Dithmarscher
Auf der B 5 ist **MELDORF** in 15 Minuten erreicht *[Fremdenverkehrsverein Meldorf, Nordermarkt 10, 25704 Meldorf, Tel. 04832-978 00, meldorf-tourismus@t-online.de, www.meldorf-nordsee.de]*. Den Streifzug durch die hübschen Gassen rings um den Markt beginnen Sie am besten bei hausgemachtem Kuchen im **DOM-CAFÉ** *[Südermarkt 4, 25704 Meldorf, Tel. 04832-34 44, info@domcafemeldorf.de, www.domcafemeldorf.de]*.

Besuch im Pesel
Östlich vom Dom zweigt die Papenstraße ab: Im Pfarrhaus von 1601 residiert Dithmarschens einzige **HANDWEBEREI**. Hier können Sie zusehen, wie Mitarbeiter der Stiftung Mensch (für Menschen mit Behinderung) die alte Kunst der Beiderwandweberei ausüben und an Jacquard-Webstühlen (19. Jh.)

arbeiten. Im Laden nebenan werden Wandbehänge, Kissen und Decken verkauft *[Papenstr. 2, 25704 Meldorf, Tel. 04832-99 96 60, info@stiftung-mensch.com, www.stiftung-mensch.com. Mo-Do 8-15.30, Fr 8-13, Sa 10-13 Uhr. Eintritt frei]*. Der Klosterstraße nordwärts folgend steht man vor dem Komplex des **DITHMARSCHER LANDESMUSEUMS** *[Bütjestr. 2-4, 25704 Meldorf, Tel. 04832-60 00 60, kontakt@museum-dithmarschen.de, www.landesmuseum-dithmarschen.de. Di-Fr, So 11-16.30, Juli-Aug auch Sa 11-16.30 Uhr. Erw. € 5, Kinder (ab 6 J.) € 3, Fam. € 10]*. Eine Attraktion im Altbau ist der prächtige Pesel des Landvogts Markus Swyn. Nebenan wird der Alltag der vergangenen 100 Jahre lebendig: Zu sehen sind etwa ein Operationssaal, ein Laden und ein Klassenzimmer.

Der Heider Wasserturm von 1903

Zum Meldorfer Hafen

Sicher drängeln die Zwerge schon: Sie wollen zur Nordsee! Den Schildern Speicherkoog/Badestelle Elpersbüttel folgend sind Sie in einer Viertelstunde da. Noch in den 1970er-Jahren hätte es nur wenige Minuten gedauert, denn vor der Eindeichung des Speicherkoogs lag Meldorf an der Küste. Über die Geschichte des jüngsten Dithmarscher Koogs informiert das **NABU-NATIONALPARKHAUS WATTWURM**. Dort erfahren kleine Naturforscher, warum im Wöhrdener Loch Konikponys weiden und welche Schätze das Watt birgt *[am Meldorfer Hafen, 25704 Meldorf, Tel. 04832-62 64, Wattwurm@nabu-sh.de, www.nabu-sh.de. April-Okt Fr-So 11-17 Uhr u. auf Anfrage. Eintritt frei, Spenden willkommen]*. An der **BADESTELLE ELPERSBÜTTEL** breiten Sie die Decke am Gründeich aus oder Sie mieten einen Strandkorb und schauen den Kindern beim Matschen zu. In der Saison wird der Strand vom DLRG überwacht und ist kostenpflichtig *[ab 15 J. € 2-3]*; Spielplatz und Kiosk sind ebenfalls vorhanden. Übrigens: Es sind nur 15 Kilometer bis Büsum, wenn Sie vom Meldorfer Hafen aus am Deich entlangfahren.

Tour 3: Ausflug zu den Hummerklippen

HELGOLAND

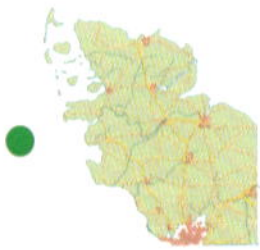

WO: *in der Deutschen Bucht, ca. 70 km nordwestlich von Büsum* – **WIE:** *per Flugzeug, Katamaran oder Bäderschiff, auf der Insel zu Fuß und mit dem Fahrstuhl* – **DAUER:** *Tagesausflug, Aufenthalt auf der Insel bis zu 4 Std. (lohnenswerter: 3 Tage)* – **NICHT VERGESSEN:** *Fernglas, Sonnencreme, Badezeug*

Einsam ragt ein roter Fels rund 70 Kilometer von der Küste aus dem Blau des Meeres: Helgoland. Viele Tagesgäste zieht es zum ausgiebigen Shoppen hierher, denn die Insel gilt „zolltechnisch“ als Ausland. Doch jenseits der Duty-free-Shops gibt es für Familien auf dem ca. 1,7 Quadratkilometer kleinen Eiland viel zu entdecken: die reizvolle Landschaft, aufgeteilt in Unter-, Mittel- und Oberland, mit bizarren Klippen, die Zehntausenden Vögeln Zuflucht bieten, und grünen Bombenkratern aus dem Zweiten Weltkrieg, wo heute friedlich Kühe und Schafe weiden.

Helgoland, das Brutrevier vieler Seevögel, aus deren Perspektive

Welkoam iip Lunn ...

... ist Halunder und bedeutet: Willkommen auf der Insel. Helgoländisch zählt zusammen mit den Dialekten von Föhr, Amrum und Sylt zum inselfriesischen Zweig des Nordfriesischen. Um das Aussterben der Sprache zu verhindern, wird sie an der James-Krüss-Schule sowie in Volkshochschulkursen gelehrt. Wer zu Hause ein bisschen üben möchte, dem sei der Deutsch-Halunder-Übersetzer www.helgolaendisch.de empfohlen.

Oder die vorgelagerte weiße Düne, die einen Strandurlaub fernab jeglichen Rummels bietet (siehe S. 20). Einer der berühmtesten Söhne der Insel ist James Krüss, 1926 auf Helgoland geboren. „Der Leuchtturm auf den Hummerklippen" oder „Mein Urgroßvater und ich" – viele seiner beliebten Kinderbücher handeln von seiner Heimatinsel.

Ein Tag oder mehr

Sie sehen, um Helgoland zu erkunden – wie im Übrigen die anderen Inseln auch –, ist ein Tag zu wenig, zumal Sie in der Regel nur drei bis vier Stunden Aufenthalt haben. Der Reiz der Insel entfaltet sich erst richtig, wenn die Tagesgäste am späten Nachmittag die Rückreise angetreten haben. Übernachtungsmöglichkeiten gibt es viele, von den Hotels und Apartments im Ober- und Unterland bis zum Bungalowdorf auf der Düne (siehe S. 108). Die Anreisemöglichkeiten sind ebenfalls vielfältig: Flugzeuge, Katamarane und Bäderschiffe nehmen in der Saison von verschiedenen Städten aus mehrmals täglich Kurs auf die Insel – alle zu nennen würde diesen Rahmen sprengen. Hier hilft das Team der **HELGOLAND TOURISTIK** *[im Rathaus, Lung Wai 28, 27498 Helgoland, Tel. 04725-813 70, zimmervermittlung@kurverwaltung-helgoland.de, www.helgoland.de]* weiter, einen Anreiseplaner finden Sie auf der entsprechenden Homepage.

Ausgebootet

Urlauber an der Nordseeküste Schleswig-Holsteins starten in der Regel ab Büsum zum Helgolandtrip, entweder mit der **MS FUNNY GIRL** *[Reederei Cassen Eils, Karten bei der Tourismus Marketing Service GmbH, Südstrand 11, 25761 Büsum, Tel. 04834-90 90, oder direkt am Schiffsticketschalter, Hafenbecken 3, Am Ankerplatz, 25761 Büsum, Tel. 04834-93 82 20. April-Nov tgl. Tagesrückfahrt Erw. € 39,90, Kinder (4-14 J.) € 23, Fam. (Eltern u. 3 Kinder bis 14 J.) € 99,90, Mehrtagesfahrt (hin und zurück in 2 Mon.) € 49/€ 25/€ 129]* oder mit der **MS LADY VON BÜSUM** *[Reederei Rahder, siehe S. 38, April-Nov Di-So. Tagesrückfahrt Erw. € 38,90, Kinder (4-15 J.) € 22, Fam. (Eltern u. 3 Kinder bis 15 J.) € 97,90, Mehrtagesfahrt € 418/€ 24/€ 125]*. Die Schiffe legen – im Gegensatz zu den Katamaranen – nicht am Hafen an, sondern auf der Reede. Mithilfe der Seeleute steigen die Passagiere in die zehn Meter langen Börteboote um, die sie zur Landungsbrücke bringen. Das „Ausbooten" allein ist ein Erlebnis für sich!

Per Lift aufs Oberland
Vorbei am Denkmal Heinrich Hoffmanns von Fallersleben, der 1841 auf Helgoland das „Lied der Deutschen" dichtete, gelangt man zur Tourist-Info (siehe S. 43) im Rathaus am Lung Wai. Wer sich nicht in die umliegenden Duty-free-Shops stürzt, strebt weiter geradeaus Richtung Fahrstuhl, der die Passagiere 50 Meter höher auf das **OBERLAND** befördert. Natürlich kann man auch zu Fuß gehen, doch gilt es, 184 Treppenstufen zu überwinden.
Zum gut 3 Kilometer langen Klippenrandweg geht es links über die Straße Am Falm. Rund anderthalb Stunden sollten Sie für den Spaziergang über den gepflasterten Weg mit Info-Pyramiden zur Geschichte und Natur der Insel veranschlagen. Rechts erhebt sich bald der viereckige rote Leuchtturm, der während des Zweiten Weltkrieg als Flakturm errichtet wurde. Weiter schlängelt sich der schmale Weg an den zerklüfteten Klippen entlang, welche die Namen wie „De Karkjaar en siin Wüf" oder „Groot Hel" tragen.

Hummer & Co

Spannende Einsicht in die Unterwasserwelt der Nordsee gewährt das **AQUARIUM DER BIOLOGISCHEN ANSTALT HELGOLAND** – ein Forschungs- Lehr- und Versuchsaquarium, in dem Groß und Klein viel lernen und entdecken können. In 19 großen Becken tummeln sich Haie, Rochen und der selten gewordene blaue Helgoländer Hummer. Um den Bestand zu sichern, widmet sich die BAH u. a. der Hummeraufzucht. Regelmäßig werden Führungen durch das Ökolabor angeboten, in dem die Lobster gezüchtet und zwei Jahre gepäppelt werden, bis sie ins Meer dürfen. Wer das Projekt unterstützen möchte, übernimmt zukünftig eine Hummerpatenschaft.
Aquarium: Kurpromenade 201, 27498 Helgoland, Tel. 04725-819 228, info@awi.de, www.awi.de. Führungen Mai-Okt, Fr 10-11.30 Uhr. Erw. € 8,50, Kinder € 5.

Vogelforschung

Seit über 100 Jahren wird auf Helgoland Vogelforschung betrieben. Im Fanggarten der **VOGELWARTE HELGOLAND** auf dem Oberland werden jährlich bis zu 12.000 Vögel gefangen, beringt und auf die Weiterreise geschickt. Wer sich für die Arbeit der Wissenschaftler interessiert, kann an einer Führung teilnehmen.
Inselstation des Instituts für Vogelforschung, An der Sapskuhle 511, 27498 Helgoland, Tel. 04725-640 20, helgoland@ifv-vogelwarte.de, www.ifv-vogelwarte.de. Mitte März-Okt, Di u. Fr 16.30 Uhr. Eintritt frei, Spenden willkommen.

Spektakel am Lummenfelsen
Je weiter man nach Nordwesten kommt, desto lauter wird's – von März bis August ist die Westseite Helgolands Brutplatz für Tausende von Seevögeln. Am lautesteten ist es am **LUMMENFELSEN**, dem kleinsten Naturschutzgebiet der Welt: Hier tummeln sich zur Brutzeit rund 2.000 Trottellummen-Paare, die ihre Nistplätze lautstark verteidigen. Ende Mai/Anfang Juni schlüpfen die Jungen und werden knappe drei Wochen von ihren Eltern gefüttert. In der Abenddämmerung von Anfang Juni bis Juli lässt sich ein faszinierendes Naturschauspiel beobachten: der „Lummensprung". Angelockt von den Eltern wagen die bis dahin flugunfähigen Kleinen den Sprung in die Tiefe und landen wohlbehalten in der Nordsee. Aber nicht nur die Trottellummen machen viel Lärm, auch bei anderen Vögeln ist der Felsen sehr begehrt: Zu beobachten sind etwa seltene Basstölpel, Tordalks, Dreizehenmöwen und Eissturmvögel.

Bröckelndes Wahrzeichen
Weiter die Klippen entlang erreichen die Entdecker die Nordwestspitze, an der sich das Wahrzeichen der Insel, die **LANGE ANNA**, erhebt. Sofern sie noch nicht eingestürzt ist. Sturmfluten, Frost und Erosion haben dem Naturdenkmal in den letzten 100 Jahren so zugesetzt, dass die oberen zwei Drittel jeden Moment abbrechen können. Die Sicherung des 47 Meter hohen Buntsandsteinfelsens würde Millionen kosten und wäre viel zu gefährlich, daher hat man entschieden, der Natur freien Lauf zu lassen. Nun ist die Hälfte des Weges geschafft, zurück geht es am östlichen Klippenrand mit Blick auf die **BADEDÜNE** und das Nord-Ost-Land mit Jugendherberge, Sportplätzen, Nordseehalle und Schwimmbad. Nach wenigen Schritten lohnt ein Abstecher nach rechts, zur höchsten Erhebung der Insel, dem gut 61 Meter hohen Pinneberg – zugleich höchster Berg des gleichnamigen Kreises, zu dem Helgoland gehört. Folgen Sie dem Klippenrandweg, der bald durch eine Kleingartenkolonie führt. Im Ort nehmen Sie den Weg links vor der Treppe hinunter zur Kurpromenade. Aufgepasst: Kinder geraten schnell ins Laufen bzw. Stolpern, denn es geht mit 40 Prozent Gefälle hinab!

Lummennachwuchs vor dem Sprung ins kalte Wasser

Besuch bei James Krüss
In der Nordostseehalle ist das **MUSEUM HELGOLAND** untergebracht. Ein Highlight ist der Museumshof mit dem Leuchtturm und den nachgebauten Hummerbuden. In dreien davon dreht sich alles um das Leben und Werk James Krüss'. Der Nachwuchs freut sich über Bücher, Hörspiele, Filme und die Malecke, während Eltern Postkarten und Zeichnungen des Dichters studieren. In den anderen Buden ist z. B. eine kleine Postausstellung zu bewunden, drei von ihnen sind manchmal Schauplatz kreativer Workshops für Kinder *[Kurpromenade 1430, Tel. 04725-12 92, info@museum-helgoland.de, www.museum-helgoland.de. März-Okt tgl. 10-14.30 Uhr. Erw. € 4, Kinder € 2, Kinderworkshops frei]*.

Nationalgericht

Wer die Knieper-Wochen im Juni verpasst hat und die Helgoländer Delikatesse (siehe S. 15) trotzdem kosten möchte, sollte z. B. in den **MOCCA-STUBEN** auf dem Oberland vorbeischauen. Auch ohne Meerestiere wird der Nachwuchs hier bei Schnitzel oder Nudeln mit Pesto glücklich, bei schönem Wetter auch auf der Terrasse.
Hingstgars 447, 27498 Helgoland, Tel. 04725-12 53, www.mocca-stuben.de. Küche 12-15 u. 18-22 Uhr.

Bunte Schuppen
Da sich die Besuchszeit für Tagesgäste langsam dem Ende zuneigt, spazieren die zum Abschluss am besten zu den echten **HUMMERBUDEN** am Hafen. Der Weg führt bis zum Ende der Promenade, vorbei an der Biologischen Anstalt und dem **AQUARIUM** (siehe Kasten S. 44) zum Südstrand. Rechter Hand sehen Sie schon die bunten Hütten, die früher den Fischern als Lager für Netze und Gerätschaften dienten. Heute finden sich hier Galerien, Läden, Cafés, Restaurants. Auch das Museum unterhält hier zwei Buden, zugleich Infozentrum und Standesamt, und ein paar Schritte weiter informieren die Naturschützer vom Verein **JORDSAND** über Flora und Fauna der Insel *[Bude 34/35. Di-Fr 10-12, 13-16, Sa/So 13-16 Uhr. Eintritt frei, siehe auch Kasten S. 21]*. Bevor es zurück zur Landungsbrücke geht, können Sie hier Souvenirs erstehen und den Hunger mit Fischbrötchen oder anderen Leckereien stillen.

Farbenfrohe Hummerbuden

Tour 4: Vom Holländerstädtchen zur Sandkiste am Strand

FRIEDRICHSTADT • TÖNNING • ST. PETER-ORDING

WO: *durch die Eiderstedter Marsch* – **WIE:** *mit dem Auto* – **DAUER:** *Tagesausflug* – **NICHT VERGESSEN:** *evtl. Badezeug*

Lust auf einen Abstecher nach Holland? Sie müssen gar nicht weit fahren, denn in Friedrichstadt sieht es genauso aus wie bei unseren westlichen Nachbarn. Klar, dass man hier eine Grachtenfahrt unternimmt. Auch auf der Halbinsel Eiderstedt haben niederländische Einwanderer Spuren hinterlassen: Sie brachten den Bauern bei, wie man Käse herstellt, der im großen Stil in Tönning umgeschlagen wurde. Heute kann man dort prima Fisch essen oder das Multimar Wattforum (siehe S. 92) besuchen. Die riesigen Haubarge, ein Markenzeichen Eiderstedts, sind ebenfalls eine holländische Erfindung. Unter den mächtigen Reetdächern der mehr oder weniger sturmflutsicheren Bauernhäuser waren früher Mensch, Vieh und Ernte untergebracht. Der Mars-Skipper-Hof bei Tönning ist ein besonderes Erlebnis für alle Kids: Hier gibt es viel Platz, um mit allen Sinnen neue Erfahrungen zu machen. Und in St. Peter-Ording wird am langen Badestrand ordentlich gebuddelt – wer weiß, vielleicht finden Sie ja das „Gold der Nordsee"?

Amsterdam des Nordens
Herzog Friedrich III. von Schleswig-Gottorf träumte von einer mächtigen Handelsstadt am Zusammenfluss von Eider und Treene. Er heuerte Niederländer an, hervorragende Kaufleute und Deichbauer, und ab 1621 entstand **„FRIEDRICHS STADT"** ganz nach ihrem Geschmack: mit Grachten, einem rechtwinkligen Straßenplan und schmucken Giebelhäusern.

Radelnd zum Leuchtturm

Der wohl schönste **LEUCHTTURM** der Nordseeküste steht bei **WESTERHEVER**. Nachts strahlt er bis zu 50 km weit. Den 2,5 km langen Weg vom Parkplatz am Info-Haus, quer durch Salzwiesen, legt man am besten per Fahrrad zurück. Wer sich für eine Führung angemeldet hat und über 8 Jahre alt ist, darf auch die 157 Stufen hinauf erklimmen, Tickets im Info-Haus. *Ahndelweg 4, 25881 Westerhever, Tel. 04865-12 06, kontakt@westerhever-nordsee.de, www.westerhever-nordsee.de. Führung Mo/Mi/Sa stdl. 10-16 Uhr, Tickets einen Tag früher abholen. Erw. € 5, Kinder € 2,50.*

Bunte Giebelhäuser säumen den Friedrichstädter Marktplatz

Dafür erhielten die Siedler u. a. die Glaubensfreiheit und Remonstranten, Mennoniten, Juden, Katholiken und Lutheraner bauten bald ihre Gotteshäuser. Der Traum des Herzogs erfüllte sich zwar nicht, geblieben aber ist die romantische Kleinstadt mit ihrem holländischen Charme.
Vom Parkplatz 1 an der Tönninger Straße machen sich Stadtforscher auf zur „Blauen Brüch", von der man einen wunderbaren Blick über den Kanal und die Treene genießt. Am Eingang zur Westermarkstraße fällt das gelbe Eckgebäude auf: Es ist die ehemalige **SYNAGOGE**, die 1938 zerstört wurde und seit 2002 Kultur- und Gedenkstätte ist. Wer mehr über die jüdische Gemeinde Friedrichstadts erfahren möchte, kann die Synagoge während einer Führung besichtigen. Auskünfte erteilt der Tourismusverein am Markt *[Am Markt 9, 25840 Friedrichstadt, Tel. 04881-939 30, info@friedrichstadt.de, www.friedrichstadt.de]*. Hier oder an den Anlegern bekommt man Tickets für eine **GRACHTENFAHRT**, die zu einem Besuch der Holländerstadt dazugehört *[Prinzen-Linie, ab Fürstenburggraben, Tel. 04881-93 75 97, info@grachtenfahrt.de, www.grachtenfahrt.de; Schröder-Linie, ab Treeneufer, Tel. 04881-93 75 97, info@grachtenschiffahrt.de, www.grachtenschiffahrt.de. April-Okt. Erw. € 8,50, Kinder (5-14 J.) € 4,50]*. Wer lieber sein eigener Kapitän ist, mietet sich bei der Schröder-Linie ein Ruder- oder Tretboot für € 10 oder ein Elektroboot für € 25.

Als Stadtdetektive unterwegs

Bevor es losgeht, schauen Sie sich an Land um, zum Beispiel auf dem **MARKTPLATZ** mit dem lustigen Pumpenhäuschen. Die Verse an den

Zauberhafte Miniaturwelt

Es blitzt und donnert, Feuerwerke erhellen den „Himmel“ und unentwegt rattern Züge von der Küste ins Gebirge – eine Fantasiewelt im H0-Maßstab lockt im **MODELLBAHN-ZAUBER**. Kleine Eisenbahnfans dürfen auf der Besucherstrecke eigene Loks auf die Reise schicken und per Knopfdruck Fahrgeschäfte und Windräder in Bewegung setzen. *Brückenstr. 18, 25840 Friedrichstadt, Tel. 04881-93 88 58, info@modellbahn-zauber.de, www.modellbahn-zauber.de. Ostern-Okt tgl. 11-17, Dez-Jan tgl. 11-17 Uhr. Erw. € 7,50, Kinder (5-17 J.) € 5, Fam. € 19.*

Giebeln stammen vom plattdeutschen Dichter Klaus Groth – ob die Großen sie ins Hochdeutsche übersetzen können? Ein hübsches Fotomotiv bietet die Westseite des Marktes mit neun Treppengiebelhäusern (in der Nummer 18 befindet sich eine Eisdiele) – so muss ganz Friedrichstadt früher ausgesehen haben. Achten Sie auf die Hausmarken oberhalb der Türen: Sie zeigen u. a. einen Sternenhimmel, einen Adler, eine Mühle. Diese „Gevelstene“ sind die Vorläufer der Hausnummern – wer die meisten entdeckt, bekommt ein Eis.
In der Alten Münze am Mittelburggraben informiert das **STADTMUSEUM** über Geschichte, religiöse Toleranz und den Alltag in Friedrichstadt *[Am Mittelburgwall 21/23, 25840 Friedrichstadt, Tel. 04881-874 22 u. 15 11, museum@friedrichstadt.de, www.friedrichstadt.de. April/Mai/Okt Di-So 12-16, Juni-Sep Di-So 11-17 Uhr, Nov-April nur vorangemeldet. Erw. € 1,50, Kinder (bis 16 J.) frei, Fam. € 4]*. Von hier aus können Eltern einen Blick in den Gebetssaal der Mennoniten werfen, der im Anbau untergebracht ist, während die Kinder bei der Museumsrallye durch die Räume wuseln. Im Anschluss an den Streifzug durch die Geschichte geht's nun endlich zu den Schiffsanlegern, um die Holländerstadt vom Wasser aus zu entdecken.

Fischimbiss und Weihnachtskalender

Rund 17 Kilometer weiter liegt das Hafenstädtchen **TÖNNING** an der Eider *[Tourist- und Freizeitbetriebe Tönning, Am Markt 1, 25832 Tönning, Tel. 04861-614 20, info@toenning.de, www.toenning.de]*. Vom Marktplatz vor der St.-Laurentius-Kirche spazieren Sie durch den idyllischen

Blick in den Gebetssaal der Mennoniten

SCHLOSSGARTEN – das einstige Schloss ist nur noch als Miniatur im Schlossgraben zu bewundern und dient Enten als Unterschlupf. Wenn die Meute hungrig ist, führt der Weg zur Südseite des Hafens zum **FISCHLADEN IN DER ALTEN FISCHEREIGENOSSENSCHAFT**. Im Wintergarten speist man mittags leckere Fischgerichte, Bratkartoffeln oder Krabbenbrötchen. Wer frische Meerestiere, Geräuchertes oder Salate mitnehmen möchte, kann sich das Gewünschte gern im Kühlraum aussuchen *[Am Eiderdeich 12, 25832 Tönning, Tel. 04861-961 60, www.krabbenundfisch.de]*. Anschließend schauen Sie sich kurz das **PACKHAUS** von 1783 an *[Am Eiderdeich 18, 25832 Tönning, www.packhaus-toenning.de]*. Der wuchtige Bau lässt den Ruhm vergangener Zeiten erahnen: Im 17. Jahrhundert wurden tonnenweise Korn und Käse verschifft, nach dem Bau des Eider-Kanals (1777-1784)

Gartenidyll mit Sahnehaube

Einer der schönsten Parks Nordfrieslands liegt in Tating: der Hochdorfer Garten. Im ehemaligen Sommerhaus offeriert das **GALERIE-CAFÉ SCHWEIZER** Haus nicht nur eine Kinderkarte mit Pasta, Würstchen, Puffern, sondern auch riesige Tortenstücke. Draußen sitzt man inmitten der idyllischen Barockanlage mit Lindenrondellen und künstlicher Ruine, die von den Kindern erforscht wird, während die Eltern gemütlich Kaffee trinken. *Düsternbrook 10, 25881 Tating, Tel. 04862-10 26 87, schweizer-haus@t-online.de, www.schweizerhaus-tating.de. Kernzeit Mi-So 10-18 Uhr.*

Das Packhaus erstrahlt zur Weihnachtszeit als längster Adventskalender der Welt

Mittelpunkt des Ortsteils Dorf ist die Kirche St. Peter

war Tönning wichtigster Hafen auf der Nordseeseite. Heute dient das Packhaus als Veranstaltungszentrum *[Termine auf der Website]* und in der Weihnachtszeit erstrahlt es als längster Adventskalender der Welt. Über die Brücke gelangen Sie auf die andere Hafenseite mit der Kulisse aus Bürgerhäusern und Restaurants. Vorbei am Schifferhaus von 1625, früher eine berühmte Navigationsschule, geht es zum Auto.

Sinnliche Erlebnisse

Kurz hinter Tönning weist ein Schild zum Haubarg **MARS-SKIPPER-HOF** *[Ein Garten für die Sinne e.V., Gardinger Chaussee 3, 25832 Kotzenbüll, Tel. 04861-61 74 80, info@eingartenfuerdiesinne.de, www.eingartenfuerdiesinne.de. März-Juni Sa/So 11-18, Juli-Sep tgl. 11-18 Uhr. Erw. € 6, Kinder (ab 6 J.) € 5, Fam. € 16]*. Wasserklangschalen, Wackelbrücke, Barfußpfad – auf dem riesigen Gelände erleben Kinder mit allen Sinnen die Natur. Bei Schietwetter bietet das Innere des Haubargs Abwechslung: Im ehemaligen Stall warten zahlreiche Spielstationen, darunter mit Sand befüllte Klangschalen, die Schwingungen sehen, hören und spüren lassen. Faszinierend ist der Bewegungs- und Entspannungsraum im historischen Vierkant mit seinem beeindruckenden Gebälk, wo einst die Ernte lagerte. Wer sonntags kommt, wird seinen Nachwuchs kaum losreißen können: Dann ist Familientag und ab 14 Uhr gibt es zahlreiche Mitmachangebote wie Filzen oder Windspielebasteln.

Strand und mehr in St. Peter-Ording

Vorbei an Kühen, Schafen und Pferden geht es über Garding und Tating nach **ST. PETER-ORDING** (siehe auch Strände, S. 22). Sollte der Wettergott ungnädig sein, bietet sich ein Besuch im Ortsteil **DORF** an. Ein paar Schritte vom Markt *[Parken kostenlos]*, gegenüber der Kirche St. Peter, finden Sie das **MUSEUM DER LANDSCHAFT EIDERSTEDT** *[Olsdorfer Str. 6, 25826 St. Peter-Ording, Tel. 04863-12 26, info@museum-landschaft-eiderstedt.de, www.museum-landschaft-eiderstedt.de. Di-So 11-17 Uhr. Erw. mit Gästekarte € 3,50, sonst € 5, Kinder € 1, Familien mit Gästekarte € 8, sonst € 11]*. In dem reetgedeckten Friesenhaus wird der einstige Alltag auf der Halbinsel lebendig: Bodenfunde, Dioramen und Originalstücke, darunter z. B. auch historische Uhren oder meteorologische Instrumente, sind zu bestaunen. An zwölf Themeninseln wird die Entwicklung der Seebäder St. Peter und Ording interaktiv erlebbar. Gleich um die Ecke kann man bei **BOY JÖNS** nicht nur das „Gold des Nordens" kaufen, sondern sich im Museum informieren, wie der Bernstein an den Strand kommt und wie man ihn findet. Tipp: die **SCHLEIFKURSE** für Kinder *[Nordsee-Bernstein-Museum und Laden, Dorfstr. 15, 25826 St. Peter-Ording, Tel. 04863-56 11, info@bernsteinmuseum.de, www.nordsee-bernsteinmuseum.de. März-Okt Mo-Fr 9.30-13 u. 14.30-18, Sa 9.30-13, So 11-13, Nov-März Mo-Fr 10-12/15-17, Sa 10-12 Uhr, Jan/Feb eingeschr. Zeiten. Museum Erw. € 2, Kinder € 1, Fam. € 5, Schleifkurs € 7].*

Kinderprogramm

Die Kids wollen lieber mit Gleichaltrigen spielen, statt mit Mama und Papa Museen anzuschauen? Kein Problem: Im **KINDERSPIELHAUS** in St. Peter-Dorf werden die Lütten bestens betreut. Hier ist fünf Tage in der Woche etwas los, sei es nun auf der Hüpfburg oder im Bällebad. Es wird gebastelt, vorgelesen, erzählt und bei schönem Wetter geht's raus. Manchmal sind sogar Clowns, Puppenspieler oder Zauberer zu Besuch.
Dorfstr. 52, 25826 St. Peter-Ording, Infos bei der Tourismus-Zentrale: Tel. 04863-99 90. Mo-Fr 10-12, 13-16 Uhr.

Museum der Landschaft Eiderstedt

Bei schönem Wetter wollen alle sicher noch ans Meer. Angesichts der Tageszeit fahren Sie am besten auf den **BÖHLER STRAND**, auch wenn das Parken mit € 6 plus Kurtaxe teuer ist. Auf der Terrasse des Pfahlbau-Restaurants **SEEKISTE** lassen Sie den Tag bei Fisch, Krabben oder Pfannkuchen ausklingen *[Am Böhler Strand, 25826 St. Peter-Ording, Tel. 04863-47 67 57. Ab April 11.30-22 Uhr].*

Tour 5: Unterwegs in Theodor Storms Geburtsstadt

HUSUM • SIMONSBERG

WO: *Husumer Bucht und Eiderstedt* – **WIE:** *zu Fuß und mit dem Auto* – **DAUER:** *Tagesausflug* – **NICHT VERGESSEN:** *Badesachen, Picknickdecke, das Buch „Die Regentrude: Ein Bilderbuch nach dem Märchen von Theodor Storm" für Kinder (ab 5 J.)*

Als „graue Stadt am Meer" bezeichnete Theodor Storm **HUSUM** in seinem Gedicht „Die Stadt". Dass das durchaus nicht stimmt – und obendrein liebevoll gemeint war –, davon können sich Urlauber bei einem Bummel durch die Gassen mit den bunten Giebelhäusern überzeugen. Natürlich steht die Hafenstadt ganz im Zeichen ihres berühmten Sohnes. Darüber hinaus gibt es viel zu entdecken: zahlreiche Museen, geheimnisvolle Kunstobjekte oder ein königliches Schloss. Picken Sie sich einfach das heraus, was Ihrer Familie Spaß macht. Bei Badewetter lässt sich die Tour spontan verkürzen und mit einem Strandbesuch beenden.

„Kind der Sturmflut"

Husum war einst eine unbedeutende Siedlung am Flüsschen Mühlenau. Das änderte sich 1362, als die „Grote Mandränke" große Teile der Küste überflutete. Während Rungholt in den Fluten versank, erlangte Husum über Nacht Zugang zur See und entwickelte sich schnell zum bedeutenden Hafen und Handelsplatz. Um die Erhebung zur Stadt voranzutreiben, unterstützten die Husumer 1472 Gerhard von Oldenburg bei der Rebellion gegen den dänischen König Christian I. Der machte kurzen Prozess, ließ den Ort besetzen und die etwa 70 Rädelsführer hinrichten. Erst 1603 durfte sich Husum Stadt nennen. Der Hafen verlor im Lauf der Jahrhunderte an Bedeutung, ihren maritimen Charme hat sich die Stadt aber bewahrt.

Denkmal für Theodor Storm

Krabbenkutter und Zuckerschiff
Vor dem eindrucksvollen modernen **RATHAUS**, das am Binnenhafen auf dem ehemaligen Werftgelände liegt, startet die Tour. Von hier aus bietet sich ein Panoramablick auf die gegenüberliegenden Häuserzeilen und über Krabbenkutter und Sportboote. Am Infoschalter im Rathaus *[Zingel 10, 25813 Husum, Tel. 04841-66 60, info@husum.de, www.husum.de]* oder in der Tourist-Information (siehe S. 56) erhalten in den Sommerferien alle Kids (6-18 J.) den Husumer Ferienpass für € 5. Der Ausweis dient z. B. als Ticket für den Stadtbus, für Spiel- und Sportaktionen und alle Husumer Museen. Gegenüber dem Rathaus steht das **SCHIFFAHRTSMUSEUM NORDFRIESLAND** *[Zingel 15, 25813 Husum, Tel. 04841-52 57, schiffahrtsmuseum-nf@t-online.de, www.schiffahrtsmuseum-nf.de. Tgl. 10-17 Uhr. Erw. € 4, Kinder € 2, jeden 4. So im Monat Eintritt frei]*. Größter Hit ist das „Uelvesbüller Wrack" im Untergeschoss, ein vor 400 Jahren gestrandeter Frachtensegler, der 1994 geborgen und zwei Jahre lang in einer Zuckerlösung konserviert wurde.

Hier lebte Theodor Storm

Spielerischer Stadtbummel

Sicher haben Ihre Kids die 16 Stahlpfosten vor dem Rathaus gleich erspäht. Die „Hüsermaken" markieren den Anfang der Historischen Spiellinie: In rote und blaue Ziegel eingebrannt, schlängeln sich die Worte des Gedichts „Die Stadt" rund um den Binnenhafen. Wer ihnen folgt, gelangt zu drei weiteren Spiel-Kunst-Objekten – die Stadtdetektive auch auf unserer Tour finden werden. So viel sei verraten: „Hüsermaken" ist ein Memory-Spiel mit Bilderpaaren von Husumer Häusern.

In Storms guter Stube
An der Rückseite des Rathauses entlang, vorbei am Tonnenleger „Hildegard", einer Außenstelle des Schiffahrtsmuseums, geht es zur Fußgängerbrücke über den Binnenhafen. Geradeaus durch den Hafengang ist das **STORM-MUSEUM** erreicht. In dem Kaufmannshaus lebte der „realistische Poet" von 1866 bis 1880 mit Frau und acht Kindern und schrieb u. a. die Novellen „Pole Poppenspäler" und „Aquis submersus". Für die ganz Kleinen ist ein Besuch sicher langweilig, aber die Großen sollten sich das „Poetenstübchen" oder das Wohnzimmer mit dem Klavier, auf dem Storm täglich zu spielen pflegte, ansehen *[Theodor-Storm-Gesellschaft, Wasserreihe 31, 25813 Husum, Tel. 04841-803 86 30, info@storm-gesellschaft.de,*

www.stormgesellschaft.de. April-Okt Di-Fr 10-17, Sa 11-17, So/Mo 14-17, Nov-März Di/Do/Sa 14-17 Uhr. Erw. € 3,50, Kinder € 2,50, Familien € 10]. Danach bummeln alle die Wasserreihe hinunter bis zur Kleikuhle. Wie wäre es mit einem Snack? Fischbrötchen und warme Leckereien gibt's z. B. beim **FISCHHAUS LOOF** *[Kleikuhle 7, 25813 Husum, Tel. 04841-20 34, info@fischhausloof.de, www.fischhausloof.de].* Von der Restaurantterrasse gibt es viel zu gucken: Zwei Klappbrücken trennen den Binnen- vom Außenhafen. Hier startet die Fangflotte zu den Fischgründen in der Nordsee. Vielleicht haben Sie Glück und können vom Kutter Krabben kaufen.

Anfassen, ausprobieren, lauschen

Was geschah damals mit der Insel Rungholt? Wie wird die Küste heute geschützt? Fragen rund um das Leben an der Nordsee werden im **NORDSEE MUSEUM** interaktiv beantwortet: Da kann kind sich als Archäologe am Scherbenpuzzle erproben, auf dem Wasserspielplatz Sturmfluten simulieren oder den „Kleinen Häwelmann" auf Nordfriesisch hören. In den Ferien gibt's Bastel- und Entdeckerangebote. Museumsstifter Ludwig Nissen war Amtsgerichtsschreiber unter Theodor Storm, bis er nach New York ging und mit Juwelen Millionen verdiente. *NordseeMuseum Husum Nissenhaus, Herzog-Adolf-Str. 25, 25813 Husum, Tel. 04841-25 45, info@museumsverbund-nordfriesland.de, www.museumsverbund-nordfriesland.de. Juni-Sep tgl. 10-17, Sep-Juni Di-So 11-17 Uhr. Erw. € 5, Kinder (ab 12 J.) € 2.*

Vom Hafen zum Markt

Husums „Promenade" mit vielen Restaurants und Geschäften ist die schmucke Hafenstraße. Richtung Zentrum flanierend, bewundern die Stadtbummler erneut den Binnenhafen mit Rathaus im Hintergrund. Am **NATIONALPARK-HAUS** lohnt ein Stopp, um sich in der kleinen Ausstellung über Vögel und Wasserbewohner des Nationalparks und das Angebot an (Watt-)Führungen zu informieren *[Hafenstr. 3, 25813 Husum, Tel. 04841-66 85 30, info@nationalparkhaus-husum.de, www.nationalparkhaus-husum.de. März-Okt tgl. 10-18, Nov-Feb 10-17, So/Feiertage 13-17 Uhr. Eintritt frei, Spenden erwünscht].* Über die Hohle Gasse – in Haus Nr. 3 verbrachte Storm seine Jugend – und rechts in die Großstraße hinein gelangen Sie zum Marktplatz mit dem **TINE-BRUNNEN**, dem heimlichen Wahrzeichen Husums, um den donnerstags und im Sommer auch samstags der Wochenmarkt abgehalten wird *[7-13 Uhr].*

Eis und alte Gemäuer

Hinter dem Brunnen erhebt sich die klassizistische **MARIENKIRCHE**, 1829-1833 nach Plänen des dänischen Staatsbaumeisters Christian Frederik Hansen erbaut. Sollten sich bereits Ermüdungserscheinungen einstellen, hilft ein Eis von „Cortina"

an der Südseite des Marktes *[Markt 22, 25813 Husum, Tel. 04841-26 90]*. Damit fällt der Weg zum Schloss doch gleich viel leichter!
Der führt zur Nordseite des Marktes, vorbei am Geburtshaus Storms (Markt 9). Drei Häuser weiter links steht der älteste Bau der Stadt, das Herrenhaus (um 1400). Zeigen Sie Ihren Kindern die Sandsteinköpfe am Stufengiebel: Der Legende nach sollen sie die Rebellen darstellen, die der Dänenkönig 1472 hinrichten ließ. Im Nachbargebäude, dem Historischen Rathaus von 1601, residiert die Tourist-Information *[Großstr. 27, 25813 Husum, Tel. 04841-898 70, info@husum-tourismus.de, www.husum-tourismus.de]*.

Toben im Schlosspark
Marschieren Sie durch den Rathaus-Torbogen den Schlossgang hinauf, um nach wenigen Minuten vor dem **SCHLOSS** zu stehen. Die einstige Renaissance-Anlage, 1577-1582 unter Herzog Adolf von Schleswig-Holstein-Gottorf errichtet, wurde um 1750 im barocken Stil umgestaltet, um dem dänischen König zeitweilig als Residenz zu dienen.
Wer mag, wandelt durch die repräsentativen Räume, begutachtet die Alabasterkamine, die Kapelle und das Verlies *[Schloss vor Husum, König-Friedrich-V.-Allee, 25813 Husum, Tel. 04841-897 31 30 u. 25 45, info@museumsverbund-nordfriesland.de, www.museumsverbund-*

Das prächtige Torhaus des Schlosses vor Husum

Sommerspiele

Im Juli und August erwartet Fans von Kasperle & Co ein besonderes Vergnügen: Sonntags um 11.15 Uhr gibt es im Südflügel des Schlosses **PUPPENTHEATER FÜR KINDER** ab 3 bzw. 4 Jahren (Erw. € 8, Kinder € 5). Organisiert wird der Spaß vom Förderkreis Pole Poppenspäler e.V., der auch die Pole Poppenspäler Tage im September (siehe auch S. 116) veranstaltet und das **POPPENSPÄLER MUSEUM** betreibt. Die Sammlung umfasst etwa 500 Puppen, dazu Requisiten, Kuriositäten und eine Bühne, auf der die Lütten eigene Vorstellungen geben dürfen. *König-Friedrich-V.-Allee, 25813 Husum, Tel. 04841-632 42, husum@pole-poppenspaeler.de, www.pole-poppenspaeler.de. März-Okt Di-So 11-17, Nov-Feb Sa/So 11-17 Uhr.*

nordfriesland.de. März-Okt Di-So 11-17, Nov-Feb Sa/So 11-17 Uhr. Erw. € 5, Kinder (ab 13 J.) € 2. Führung nach Anmeldung. Gruppen ab 10 Pers. € 3,50/Pers.
Die Kids zieht es in den Schlosspark, denn links hinter dem Parktor gibt es einen Spielplatz. Übrigens: Im Frühjahr zeigt sich der Park von seiner schönsten Seite: Über vier Millionen Krokusse verwandeln ihn in ein lila Blütenmeer und locken Besucher von weit her (siehe S. 115).

Neue Kraft geschöpft? Wer jetzt noch mehr von Husum entdecken möchte, unternimmt einen Abstecher zum Weihnachtshaus (siehe S. 113) und wenige Schritte weiter zum Freilichtmuseum Ostenfelder Bauernhaus (siehe S. 122).

Baden, buddeln, tafeln
Alle anderen steigen ins Auto und machen sich auf den Weg Richtung Simonsberg. Die **BADESTELLE LUNDENBERGSAND** ist in gut 10 Autominuten erreicht *[in der Hauptsaison DLRG-bewacht, Eintritt frei]*. Ein kleiner, aufgeschütteter Sandstrand lädt zum Burgenbauen ein, der Spielplatz zum Auspowern. Auch Drachen sind erlaubt. Und bei Ebbe findet sich immer noch genug Wasser zum Planschen im Speicherbecken hinter dem Deich.

Roter Haubarg

Nur 10 Minuten von Lundenbergsand liegt einer der berühmtesten **HAUBARGE** Eiderstedts. Hier werden regionale Köstlichkeiten serviert – entweder in den hübschen Stuben oder auf der Terrasse mit Blick auf den parkähnlichen Garten. Das mächtige Reetdach beherbergt zudem ein Museum, das über das Leben auf einem Haubarg informiert. *Sand 5, 25889 Witzwort, Tel. 04864-845, gattorf@roterhaubarg.de, www.roterhaubarg.de. Tgl. 11-21 Uhr. Eintritt frei.*

Tour 6: Natur pur und ein Besuch bei Emil Nolde

HAMBURGER HALLIG • DAGEBÜLL • NIEBÜLL • NEUKIRCHEN • SEEBÜLL

WO: *mittleres Nordfriesland und Südtondern* – **WIE:** *mit dem Auto, per Fahrrad und zu Fuß* – **DAUER:** *Tagesausflug* – **NICHT VERGESSEN:** *Picknickkorb, Badezeug, Fernglas, das Buch „Emil Nolde für Kinder" (ab 8 J.)*

Ein Ausflug ganz nach Kindergeschmack: radeln, am Strand picknicken, baden oder im Schlick herumtapsen, Tiere streicheln. Aber auch Eltern kommen nicht zu kurz, denn oben im Norden besuchen Sie das Haus von Emil Nolde, Deutschlands berühmten Expressionisten. Ein großer Teil der Strecke, die von der Hamburger Hallig bis fast an die dänische Grenze führt, verläuft parallel zum Nordseeküsten-Radweg und bietet landschaftlich reizvolle Ausblicke. Da gerät die Autofahrt zur Nebensache. Die Tour eignet sich auch für alle, die auf dem Weg nach oder von Amrum, Föhr oder Sylt ein, zwei Tage die Küste erkunden wollen.

Land im Meer

Heut beginnt's sportlich: mit einer Radtour zur Hallig. Wie das? Seit rund 140 Jahren ist die Hamburger Hallig durch einen Damm mit dem Festland verbunden. Ursprünglich gehörte sie zum Vorland der Insel Alt-Nordstrand und wurde ab 1624 von den Brüdern Amsinck aus Hamburg bedeicht. Die Burchardiflut von 1634 zerstörte große Teile des neuen Koogs, der nach und nach zur Hallig wurde. Heutzutage kann man den Damm sogar mit dem Auto befahren *[Maut € 5]*, doch radelnd lassen sich die Landschaft und die klare Luft viel besser genießen.
Startpunkt ist der Parkplatz am **AMSINCK-HAUS** an der Zufahrt zur

Köstliches aus der Region

Wer Picknickzutaten benötigt, ist bei **MARIENHOF-EI – DEM HOFLADEN** richtig. Bereits in der vierten Generation wird hier Landwirtschaft betrieben. Gestartet mit einem kleinen Eierverkaufsstand, ist der Hofladen längst in einen 200 Quadratmeter großen umgebauten Schweinestall eingezogen. Neben Eiern kann man hier nun auch Obst, Gemüse, Käse, Wurst und Honig fürs Picknick ergattern. *Dorfstr. 20, 25852 Bordelum, Tel. 0160-94 67 07 59, info@marienhof-ei.de, www.marienhof-ei.de. Mo-Fr 8-12 u. 14-18, Sa 8-12.30 Uhr.*

Hallig *[Sönke-Nissen-Koog 36 a, 25821 Reußenköge, Tel. 04671-92 71 54, info@amsinck-haus.de, www.amsinck-haus.de. April-Okt tgl. 10-18 Uhr. Eintritt frei, Spenden erwünscht]*. Hier kann man für € 2 unkompliziert Fahrräder für alle leihen (ohne Gangschaltung!). Wenn niemand da ist, holen Sie sich die Drahtesel aus dem Schuppen und werfen Sie das Geld in den Kassenschlitz. Wer einen Kindersitz benötigt, sollte früh kommen, es gibt nur wenige. Bevor es losgeht, informieren Sie sich im Amsinck-Haus über Natur und Geschichte der Region: Sechs typische Vertreter Nordfrieslands führen in Hörspielen durch die Ausstellung, so etwa der Nationalpark-Ranger, der mit jedem Vogel per Du ist, oder ein Wasserwerker, der aufpasst, dass man hinterm Deich keine nassen Füße bekommt.

Schafe haben Vorfahrt

Die ca. 4 Kilometer durch die Salzwiesen schafft man locker in 20 Minuten, sofern es nicht ordentlich pustet. Mit Glück begegnen den Radlern neben Schafen auch Austernfischer, Säbelschnäbler oder Rotschenkel, im Sommer blühen Strandastern und Strandflieder. Auf halber Strecke passieren Sie die kleine **NABU-STATION** auf dem Schafberg *[Claus-Jürgen-Reitmann-Haus, Tel. 0152-56 12 32 12, Hamburger.Hallig@NABU-SH.de. www.nabu-sh.de. April-Okt, keine festen Zeiten]*. Die ehrenamtlichen Mitarbeiter halten Infomaterial bereit und beantworten gern Fragen rund um ihre Arbeit. Auf der eigentlichen Hallig erhebt sich neben einer **NATIONALPARK-STATION** mit Wattwerkstatt *[Tel. 04861-962 00. April-Mitte Okt fast tgl. besetzt]* der

Auf die Hamburger Hallig gelangen Sie am besten mit dem (Miet-)Fahrrad

Die Dagebüller Badebuden bleiben in Familienhand

schmucke **HALLIG-KROG** *[25821 Reußenköge, Tel. 04671-94 27 88, info@hallig-krog.de, www.hallig-krog.de. April-Nov tgl. ab 11 Uhr, sonst abweichende Zeiten, nicht bei „Land unter"]*. Zum Essen ist es vielleicht noch zu früh, aber Bänke laden zum Verweilen ein und für die Kids gibt's einen Spielplatz. Bei guter Sicht entdecken Sie vielleicht die Halligen Gröde und Langeneß am Horizont.

Picknick an der Badebude
Nach der Rückfahrt mit Rückenwind satteln Sie das Auto und biegen hinter dem Amsinck-Haus links in den **SÖNKE-NISSEN-KOOG**, der übergeht in den **HAUKE-HAIEN-KOOG**. Ab Ockholm führt die Straße direkt am Deich entlang, links Schafe und rechts die Speicherbecken, wo von Juli bis September Hunderte von Graugänsen zu sehen sind. Hinter dem Hafen Schlüttsiel, von dem die Fähren nach Amrum, Langeneß, Gröde und Hooge ablegen, kommt bald **DAGEBÜLL** in Sicht *[Dagebüll-Niebüll Touristik, Nordseestr.14, 25899 Dagebüll, Tel. 04667-950 00, info@nf-tourismus.de]*. Wer mag, fährt kurz auf die Hafenmole, um das Wechselspiel zwischen ein- und auslaufenden Fähren nach Föhr und Amrum zu begucken. Geradeaus in den Ort und hinterm Strandhotel rechts an der Straße Am Badedeich finden Sie den **STRANDPARKPLATZ** *[30 Min. frei, danach kostenpflichtig]*. Auf der grünen Wiese am Deich wird es Zeit, den Picknickkorb auszupacken. Falls es sehr windet, findet man ein geschütztes Plätzchen hinter einer der bunten Badebuden, die den Einheimischen gehören und von Generation zu Generation weitervererbt werden. Zum Wasser – sofern es da ist – führen Treppen, und bei Ebbe kann man bis zur Hallig Oland laufen – natür-

Der Weg ist das Ziel

Wer noch mehr Lust aufs Radeln hat, unternimmt eine Tagestour per **FAHRRADDRAISINE** ab Leck. Von hier aus fahren Sie durch Wiesen, Wald und Heide über Achtrup, Sprakebüll bis nach Unaften bei Flensburg. Um 14 Uhr geht es zurück nach Leck. Unterwegs gibt es zahlreiche Einkehrmöglichkeiten. *Erlebnisbahn GmbH & Co KG, Büllsbüller Chaussee 1 a, 25917 Leck, Tel. 04841-93 97 47, info@erlebnisbahn.de, www.draisine-nordfriesland.de. Draisine (2-4 Pers.), Mo-Fr ab € 29,99, Sa/So/Feiertage ab € 39,99.*

Übernachtung in der Scheune

Kein Bett für die Nacht? Schlafen Sie doch einfach im Heu – die Kojen in der **HEUHERBERGE HEDWIGSRUH** bieten 5 Personen Platz, Schlafsäcke kann man leihen. Ponys, Spielscheune, Kettcars und Grillplatz sind vorhanden. Sonntags ab 14 Uhr verwöhnt das Hofcafé mit hausgemachtem Gebäck. *Hedwigsruh 6, 25917 Stadum, Tel. 04662-705 31, info@heuherberge-nf.de, www.heuherberge-nf.de. Erw. € 24, Kinder € 20/Nacht inkl. Frühstück, Schlafsack € 2,50.*

lich nur unter ortskundiger Führung *[Infos bei der Tourist-Info, siehe links]*. Vielleicht beim nächsten Besuch?

Niebüll für Kids

Nach der Pause am Strand verlassen Sie die Küste und erreichen in gut 15 Minuten **NIEBÜLL**, das den meisten nur als Autoverladestation nach Sylt bekannt ist *[Touristinformation Niebüll, Bahnhofstr. 6, 25899 Niebüll, Tel. 04661-94 10 15, niebuell@nf-tourismus.de, www.niebuell.de]*. Wer länger in der Region bleibt, sollte sich das Städtchen anschauen: Rund um den Rathausplatz laden Geschäfte, (Eis-)Cafés und Restaurants ein, Kunstinteressierte zieht es ins **RICHARD-HAIZMANN-MUSEUM**. Bekannt wurde der Künstler Haizmann (1895-1963) durch seine fließend geformten Tierplastiken, die auch Kinder faszinieren. Im Museum kann man nicht nur seine Werke und wechselnde Ausstellungen moderner Kunst begutachten: Regelmäßig und vor allem in den Ferien öffnet sich die Tür der **KINDERMALSCHULE** für kleine Nachwuchskünstler *[Rathausplatz 2, 25899 Niebüll, Tel. 04661-10 10, www.haizmann-museum.de. Di-Fr 11-16.30, Sa 11-13, So 14-17 Uhr, im Winter Sonderzeiten. Eintritt frei, Kinderkurse € 2,50]*.

Ein „tierisches“ Erlebnis ist das **NATURKUNDEMUSEUM**, das kindgerecht die Natur Nordfrieslands und den Nationalpark Wattenmeer veranschaulicht *[Hauptstr. 108, 25899 Niebüll, Tel. 04661-56 91, info@nkm-niebuell.de, www.nkm-niebuell.de. April-Okt Di-So 14-17.30 Uhr, Juni-Aug auch Mo u. n. V. Erw. € 3, Kinder (ab 6 J.) € 1,50]*. Nicht nur zahlreiche Präparate in naturgetreuen Dioramen – etwa eine Sandbank mit

Übernachten in der Heuherberge

Seehunden –, auch „echte“ Tiere wie Fische, Krebse und lebende Bienen sind zu sehen. Bastelnachmittage, Exkursionen und vieles mehr bieten Abwechslung im Urlaubsalltag.

Barfuß durch den Streichelzoo
Nonstop durch Niebüll rollt, wer heute noch zu Emil Nolde will. Folgen Sie bei Langstoft den Schildern zum Nolde-Museum und nehmen Sie die schmale Straße durch den Gotteskoog – keine Angst vor Gegenverkehr: Im größten Koog Nordfrieslands begegnet man kaum einer Menschenseele. Oder Sie fahren über Neukirchen: Hinter dem Ort, Richtung Rodenäs, weist ein Schild zum **BARFUSSGARTEN**. Am Eingang warten Kaninchen und Meerschweinchen auf Streicheleinheiten, bis sich die Kids der Schuhe entledigt haben, rechts traben neugierig Pferde an den Zaun. Ein Kassenhäuschen gibt es nicht, es ist immer jemand da, der die Besucher begrüßt und alles erklärt. Holzblumen weisen den Weg, der über Gras, Steine, Matsch etc. durch den üppigen Bauerngarten führt. Überall warten Entdeckungen: Schmetterlingsgarten, Kräuterspirale, Naschgarten, Elfengarten … und Tiere wie Schildkröten, Hühner, Schwäne, Schafe oder Hängebauchschweine, die sich gern den Bauch kraulen lassen *[Fam. Golomb-Petersen, Südfrersbüll 30 a, 25927 Neukirchen, Tel. 0174-415 88 38, barfussgarten@web.de, www.bauernhof-barfussgarten.de. Nur in der Sommersaison geöffnet, abweichend je nach Witterung. Erw. € 5, Kinder (bis 15 J.) € 3]*.

Kostümspaß

Klanxbüll hat mehr zu bieten als den letzten Bahnhof vor Sylt: z. B. das **INFOZENTRUM WIEDINGHARDE**. Das Team gibt Tipps zur Urlaubsgestaltung von der Unterkunft bis zum Windmühlenklettern, die Ausstellung informiert über die Wiedingharde, früher eine Insel- und Halligenlandschaft. Verkleidet etwa als Schaf erfahren Kinder, wie eine Windkraftanlage funktioniert oder wie es im Innern einer Strandschnecke aussieht. *Toft 1, 25924 Klanxbüll, Tel. 04668-313, info@nordfrieslanderleben.de, www.nordfrieslanderleben.de. Juni-Mitte Sep Mo-Sa 9-16, So 9-13, Mitte Sep-Juni Mo 9-18, Di-Fr 9-13 Uhr. Eintritt frei.*

Kleines Abenteuerland: der Barfussgarten

Das Noldehaus wurde vom Künstler selbst im Bauhausstil entworfen

Im Rausch der Farben

Nun sind es nur noch 5 Kilometer bis zum **NOLDE-MUSEUM** *[Nolde Stiftung Seebüll 31, 25927 Neukirchen, Tel. 04664-98 39 30, info@nolde-stiftung.de, www.nolde-stiftung.de. März-Nov tgl. 10-18. Erw. € 8, Schüler € 3, Kinder (bis 12 J.) frei]*. Vom Parkplatz führt ein kurzer Weg zum Eingangsforum, im Obergeschoss berichten Schautafeln und ein Film über das Leben des großen Expressionisten (1867-1956). Danach betreten Sie den Garten am Fuß der Warft: Entworfen vom Maler höchstselbst, wechseln sich je nach Jahreszeit Farben, Gerüche, Blüten und Früchte ab. Darüber erhebt sich das einstige Wohnhaus im Bauhausstil, 1927 bis 1937 nach Plänen Emil Noldes erbaut. Hier erwartet Sie ein wahrer Farbenrausch: Im Bildersaal hängen wie zu Lebzeiten des Künstlers farbenprächtige Gemälde in zwei Reihen, jedes Jahr eine neue thematische Auswahl – man weiß kaum, wo man zuerst hinschauen soll.

Aber damit nicht genug, Groß und Klein können hier gemeinsam kreativ sein. Inspiriert durch den Garten und Noldes Bilder wird mit verschiedenen Materialien experimentiert, gemalt oder gedruckt *[März-Nov, meist So nach Anmeldung (auch kurzfristig). Erw. ab € 30, Kinder ab € 15 inkl. Eintritt, Termine und Familienrabatt erfragen! Anmeldung über den Besucherservice der Nolde Stiftung Seebüll]*.

Nach all den Eindrücken lädt das **CAFÉ SEEBÜLL**, geführt von der Niebüller Backstube, im Forum zur Einkehr ein: Im verglasten Gastraum oder auf der Terrasse lässt man sich mit Blick auf die Nolde-Landschaft mit leckerem Kuchen und herzhaften Gerichten verwöhnen. Auf Wünsche kleiner Gourmets wird gern eingegangen. *[Seebüll 33, 25927 Neukirchen Tel. 04664-98 39 70, cafe-seebuell@niebueller-backstube.de, www.nolde-stiftung.de/cafe-oeffnungszeiten. März-Nov tgl. 10-18 Uhr, auch an Feiertagen geöffnet]*.

Tour 7: Radelnd über die „Sonneninsel“ Pellworm

NORDSTRAND • PELLWORM

WO: *im Weltnaturerbe Wattenmeer vor Husum* – **WIE:** *Anfahrt per Auto und Fähre, auf Pellworm mit dem Fahrrad* – **DAUER:** *Tagesausflug* – **NICHT VERGESSEN:** *Sonnencreme, Fernglas, Kopfbedeckung, evtl. Badezeug*

Grüne Wiesen, ab und an ein paar Reetdachhöfe, eine größere Ortschaft – Pellworm liegt fernab vom Trubel mitten im Wattenmeer. Hier findet man vor allem eins: Ruhe. Die drittgrößte der Nordfriesischen Inseln trumpft nicht wie ihre Schwestern mit einem Sandstrand auf. Pellworm ist Marschland, von Bauern über Jahrhunderte hinweg der Nordsee abgerungen. Dennoch: Die runde Insel erfreut sich überdurchschnittlich vieler Sonnenstunden und baden kann man auch am Gründeich. Große „Abenteuer“ gibt es zwar nicht zu bestehen, aber wer gern am Watt entlangradelt oder -spaziert, im Strandkorb faulenzt und sich dabei den Nordseewind um die Nase wehen lassen möchte, ist hier genau richtig.

Mit der Fähre geht es nach Pellworm

Durch die Köge zum Hafen

Ein kleines Abenteuer winkt aber doch: die Überfahrt nach Pellworm. Wer früh aufsteht, schafft die Fähre um 8.40 Uhr, alle anderen gehen zwei Stunden später an Bord. Dann bleibt vielleicht auf der Fahrt zum Anleger Strucklahnungshörn noch Zeit, sich **NORDSTRAND** ein wenig anzuschauen *[Kurverwaltung Nordstrand, Schulweg 4, 25845 Nordstrand, Tel. 04842-454, info@nordstrand.de, www.nordstrand.de]*. Seit 1935 ist die Halbinsel durch einen Damm ans Festland angebunden. Rechts davon erstreckt sich das größte Naturschutzgebiet des schleswig-holsteinischen Festlands, der **BELTRINGHARDER KOOG**. Viele

Der Tanzbaron

DETLEV VON LILIENCRONS (1844-1937) Rungholt-Ballade „Trutz, blanke Hans" ist jedem ein Begriff, der an der Nordsee urlaubt. Von 1882 bis 1883 lebte der Dichter auf Pellworm als Hardesvogt, eine Art Richter. Eine seiner ersten Amtshandlungen war, die Sperrstunde aufzuheben und unbegrenzte Festlichkeiten zu erlauben, was ihm den Namen „Tanzbaron" bescherte. Wenn er Abwechslung vom Inselalltag brauchte, fuhr er per Schiff nach Husum. Bei einer dieser Fahrten schrieb Liliencron wohl das berühmte Lied von der „Mordsee". Der Hof, auf dem der Literat anderthalb Jahre wohnte, beherbergt heute die **PELLWORMER TÖPFEREI.** *Liliencronweg 28, 25849 Pellworm, Tel. 04844-15 88.*

Tagesausflügler kommen hierher, um die artenreiche Tier- und Pflanzenwelt zu erleben *[Infos: Naturschutzstation Holmer Siel, Elisabeth-Sophien-Koog, 25845 Nordstrand, Tel. 04842-90 01 50. Mo-Fr 9-12, Mo-Do auch 13-16 Uhr]*. Beliebtes Ziel ist der Ort Süden mit seinen drei Kirchen und der **NORDSTRANDER TÖPFEREI**. Nach dem Vorbild von Wattfunden wird Gebrauchskeramik hergestellt, die über die Region hinaus bekannt ist *[Süden 44, 25845 Nordstrand, Tel. 04842-400, info@nordstrander-toepferei.de, www.nordstrander-toepferei.de]*.

Fährabenteuer mit Seehundblick
Nachdem Sie in **STRUCKLAHNUNGSHÖRN** das Auto auf dem Parkplatz hinterm Deich abgestellt haben, gesellen Sie sich zu den Wartenden auf dem Anleger und beobachten das Einlaufmanöver der „Pellworm I". Auf der **FÄHRE** oder im Info-Terminal der **NPDG** gibt es die Tickets *[NPDG – Neue Pellwormer Dampfschiffahrts-GmbH, Am Tiefwasseranleger 1, 25849 Pellworm, Tel. 04844-753, info@faehre-pellworm.de, www.faehre-pellworm.de. Info-Terminal tgl. 10-16.40 Uhr, Fähre mehrmals tgl. ab 6.40/8.40 Uhr, Rückfahrten bis 17.35/19.10 Uhr je nach Tag, Fahrzeit 35 Min. Rückfahrt Erw. € 12, Kinder (6-14 J.) € 6, Fam. € 36]*. Zwar gibt es eine Spielecke unter Deck, doch wollen alle Kids nach

Hallig Südfall

Mitten im „Rungholtwatt" zwischen Nordstrand und Pellworm liegt die kleine Hallig Südfall. Hier leben nur Herr und Frau Erichsen, die als Küstenschützer, Vogel- und Naturparkwarte das nicht mal 60 Hektar große Eiland betreuen. Besucher, die entweder im Rahmen einer geführten Wattwanderung oder per **KUTSCHE** von Nordstrand kommen, werden mit Kaffee und Kuchen bewirtet.
Kontakt: Familie Heimes, Tel. 04842-23 00. Kutschfahrten Mai-Sep mehrmals tgl. Erw. € 20, mit Kurkarte € 19,50, Kinder (7-12 J.) € 15, (4-6 J.) € 10.

oben, um per Fernglas etwa nach der **HALLIG SÜDFALL** (siehe Kasten S. 65) zu spähen. Vielleicht entdecken sie bei Ebbe ja die eine oder andere Seehundfamilie auf den Sandbänken. Nach einer guten halben Stunde ist der Tiefwasseranleger von **PELLWORM** erreicht. Wer mit eigenen Fahrrädern anreist, strampelt die 2,5 Kilometer über die Mole zum Kurzentrum in **TAMMENSIEL**. Die anderen nehmen den kostenlosen Zubringerbus zum Inselhauptort. Rechts neben dem Kurmittelhaus mit dem Freizeitbad PelleWelle finden die Ausflügler die **TOURIST-INFO**, wo sie Tipps und eine Fahrradkarte bekommen *[Uthlandestr. 2, 25849 Pellworm, Tel. 04844-189 40, info@pellworm.de, www.pellworm.de]*. Verschaffen Sie sich im **INSELMUSEUM** über der Tourist-Info anhand von alten Werkzeugen und Kochutensilien einen Einblick in das frühere Alltagsleben und die Geschichte der Pellwormer *[Tel. 04844-189 35, www.insel-museum.de. Juni-Sep Mo-Fr 8.30-17, Sa/So 10-16 Uhr, Okt-Mai variierend]*.

Urlaub rund ums Pferd

Auf zum **APPELHOF**! Wochentags ab 15 Uhr finden hier lütte Pferdenarren beim Ponyreiten ihr Glück. Voltigieren ist ebenso möglich wie Reitunterricht für Klein und Groß, Ausritte – auch in die Weiten des Watts – oder gemütliche Kutschfahrten.
Und wer seine (Reiter-)Ferien hier verbringen möchte, der mietet eine der beiden gemütlichen Ferienwohnungen.
Schulstr. 9, 25849 Pellworm, Tel. 04844-224, M.Ruppertz@appelhof-pellworm.de, www.appelhof-pellworm.de. Ponyreiten März-Ende Okt ab € 3.

Alte Köge und Ökostrom

Doch nun zum **FAHRRADVERLEIH** nebenan und auf die Räder geschwungen *[Inselfahrräder Momme von Holdt, Uthlandestr. 4, Tel. 04844-348 u. 0175-521 12 47, movoho@t-online.de, www.fahrraeder-pellworm.de. Tgl. 9-19 Uhr. Rad ab € 5/Tag]*. Unsere rund 23 Kilometer lange **INSELTOUR** führt streckenweise außendeichs entlang (Achtung, Wind!). Damit Sie auch das Hinterland kennenlernen, radeln Sie vorbei an der PelleWelle, über Uthlandestraße, Ostersiel, Junkersmitteldeich, bis rechts die Straße In de See abzweigt. Sie verläuft durch den Großen Koog, der zusammen mit vier weiteren Högen schon ab 1635, ein Jahr nach der Burchardiflut, wieder eingedeicht wurde. Nach ca. 3 Kilometern erreichen die Radler das Solarfeld, Bestandteil eines der größten Hybridkraftwerke Europas mit einer Gesamtleistung von über einem Megawatt. Übrigens: Zusammen mit der eben passierten Biogasanlage, den Solarzellen auf vielen Dächern sowie den Windrädern erzeugen die Pellwormer doppelt so viel Strom, wie sie selbst verbrauchen. Im **INFOGEBÄUDE MIT CAFÉ** *[Tel. 04844-99 04 60. April-Ende Sep Do-Di 10-17 Uhr]*, das selbst gebackenen Kuchen und kleine Speisen offeriert, erfahren Interessierte mehr über erneuerbare Energien.

Durch die Mitte ans Meer

An der nächsten Kreuzung biegen Sie links in die Schulstraße ein und kommen, vorbei an der Schule, wo alle knapp 100 Pellwormer Kinder gemeinsam büffeln, zum **WALDHUSENTIEF.** Das Gewässer ist Hochwasserrastgebiet für viele Küstenvögel und geht vermutlich auf einen Deichbruch bei einer Sturmflut im 15. Jahrhundert zurück. Weiter geradeaus erhebt sich die **NORDERMÜHLE**, ein Zwickelstellholländer von 1652. Zeigen Sie den Kids den Unterschied zwischen mittelalterlichem und modernem Küstenschutz: Hinter der Mühle auf dem alten Deich ragt der heutige acht Meter hoch auf. Diesen überquert man nun und ist flugs an der **BADESTELLE HOOGER FÄHRE.** Wenn die Kids nach einem Eis lechzen oder gar Appetit auf etwas Herzhaftes haben, wechseln Sie die Deichseite und ordern Sie das Gewünschte ganz leger im **IMBISS** an der Treppe *[Tel. 04844-99 07 99. Mo-Fr 11-14.30 Uhr]* oder ein paar Schritte weiter im **GASTHAUS HOOGER FÄHRE** *[Hooger Fähre 5, 25849 Pellworm, Tel. 04844-99 23 23, schuldtpellworm@gmx.de, www.gasthaus-pellworm.de. Mi Ruhetag, Mittagstisch 11.30-13.30 Uhr]*.

Kirche mit Schnitger-Orgel: St. Salvator

Piratenturm

Nach der Pause rollt man weiter am Deich entlang Richtung Süden, den markanten Turm der Alten Kirche **ST. SALVATOR** (11. Jh.) immer vor Augen. Neben der Neuen Kirche auf Pellworm und der von Odenbüll auf Nordstrand überstand sie die verheerende Flutkatastrophe von 1634, bei der die übrigen 19 Kirchen Alt-Nordstrands untergingen. Der rote Ziegelturm ist seit seinem Einsturz 1611 zwar nur noch halb so hoch (ca. 26 m), aber immer noch das Wahrzeichen Pellworms. Kinder lassen sich bereitwillig zu einer Besichtigung der kostbaren Arp-Schnitger-Orgel (1711) – die einzige in Schleswig-Holstein – ins Innere lotsen, wenn sie hören, dass der Seeräuber Cord Widderich vom Turm aus einst nach Beute Ausschau hielt. Als er Richtung Büsum verschwand, nahm er der Sage nach das Taufbecken der Kirche mit. Ganz schön frech! Piraten gibt's hier nicht mehr, dafür bewohnen den Turm heute Tauben und Turmfalken.

Wattfunde und Fischkunde

Nun geht es wieder ins Inselinnere, über Klostermitteldeich und Osterschütting. Rechts zweigt die Straße

Westerschütting ab. Im Haus Nr. 2 betreibt Helmut Bahnsen sein kleines privates **RUNGHOLTMUSEUM BAHNSEN** mit Funden untergegangener Siedlungen um Pellworm. Über eine Million Teile – Keramikscherben aus der Zeit um 1362, Töpfe, Knochen – hat der ehemalige Krabbenfischer im Watt aufgelesen und zum Teil akribisch zusammengesetzt. Bei einer Wattwanderung kann man den Hobbyarchäologen auf der Spurensuche begleiten *[Westerschütting 2, 25849 Pellworm, Tel. 04844-99 09 06. Mi ab 15 Uhr oder nach Anmeldung. Erw. € 4, Kinder € 2]*. Ein paar Hundert Meter weiter erreichen die Radler die **SCHUTZSTATION WATTENMEER**. Vielleicht haben Sie Glück und können an den drei großen Aquarien der Nationalpark-Ausstellung die Fütterung von Plattfisch, Hummer und Katzenhai miterleben. Zudem unternimmt das Team mit Urlaubsgästen Wattwanderungen, Radtouren oder weist sie in die Kunst des Bernsteinschleifens ein *[Villa Wattwurm, Osterschütting 9, 25849 Pellworm, Tel. 04844-760. April-Anf. Nov tgl. 10-12 u. 14-17 Uhr. Eintritt frei, Spenden willkommen]*.

Toben mit Leuchtturmblick

Langsam wird es Zeit, den Rückweg anzutreten. Wer mag, unternimmt am Ende des Südermitteldeichs noch einen Abstecher Richtung Leuchtturm. Hinter der Strandkorbhalle am Kaydeich, die im Sommer als Sportarena dient, lockt erst noch der Spielplatz mit Seilbahn und Sandkiste. Die Großen können von hier aus schon den über 40 Meter hohen rot-weißen Bau in Augenschein nehmen, der vielen vielleicht bekannt vorkommt: Der Leuchtturm Westerhever (siehe S. 47) wurde nach ähnlichen Bauplänen errichtet. Auf dem **PELLWORMER LEUCHTTURM** kann man sogar heiraten, eine Besichtigung ist nur im Rahmen einer Führung (ab 8 J.) möglich, Auskunft über die Tourist-Info (siehe S. 66). Am Leuchtturm vorbei und links an den Badestellen Kaydeich, Leuchtturm und Süderkoog entlang treten Sie noch mal ordentlich in die Pedale, um über den Stürenburger Weg wieder in den Ort Tammensiel zu radeln. Nach der Rückgabe der Fahrräder haben Sie vielleicht noch Zeit, bis die Fähre um 17.35 Uhr ablegt. Zum kleinen Hafen sind es nur ein paar Schritte, um sich die Sportboote und Krabbenkutter anzuschauen. Hier hält der Bus, der Sie zum Fähranleger zurückbringt.

Kulinarisches am Turm

Auf der Terrasse des **KIRCHSPIELSKRUGS ZUR ALTEN KIRCHE** lässt sich mit Blick auf Pellworms Wahrzeichen hervorragend speisen. Im Gastraum mit Spielecke schmecken Fisch-, Krabben und Lammspezialitäten ebenso lecker, eine Kinderkarte gibt es auch. Nachmittags locken hausgemachte Kuchen und Waffeln – gut, dass Sie sich danach alles wieder abstrampeln!
Alte Kirche, 25849 Pellworm, Tel. 04844-275, zuraltenkirche@pellworm.net, www.zur-alten-kirche.de. Mo/Mi-So ab 11 Uhr.

Tour 8: Wikinger, Seeleute und ein Wanderstrand

AMRUM: WITTDÜN • SÜDDORF • NEBEL • NORDDORF

WO: *im Weltnaturerbe Nationalpark Wattenmeer vor der Küste Nordfrieslands* – **WIE:** *Anreise per Schiff, auf Amrum mit dem Fahrrad und zu Fuß* – **DAUER:** *Tagesausflug* – **NICHT VERGESSEN:** *Sonnencreme, Kopfbedeckung, Fernglas, Badezeug*

Einmal Amrum, immer Amrum! Das meinen viele Urlauber, die sich spontan in die kleinste der Nordfriesischen Inseln verlieben und jedes Jahr wiederkommen. Kein Wunder, findet man doch auf einer Gesamtfläche von nur 30 Quadratkilometern eine landschaftliche Vielfalt, die keine Wünsche offenlässt: im Westen der berühmte Kniepsand (siehe S. 24), daran anschließend der Dünengürtel, gefolgt von Heide- und Waldflächen und im Osten das Wattenmeer. Vögel beobachten, (watt)wandern, radeln, reiten, buddeln, surfen, baden oder einfach nur die unendliche Weite des Strandes genießen – alles ist möglich. Dazu wird in allen Inseldörfern ein buntes Programm für Kinder geboten, von Basteln über Strandspiele bis

Strandgut auf Amrum, zu einem Gesamtkunstwerk arrangiert

zur Gutenachtgeschichte. Und nicht zuletzt verstehen es die Amrumer, ihre Traditionen zu pflegen und überaus familienfreundlich zu vermitteln.

Einmal übersetzen, bitte!
Es gibt viele Möglichkeiten, nach Amrum zu kommen, aber alle führen übers Wasser: ab Strucklahnungshörn (siehe S. 64) oder Sylt (siehe S. 80) mit den **ADLER-SCHIFFEN** *[Adler-Schiffe GmbH, Hörnstr. 3, 25845 Nordstrand, Tel. 04651-957 08 88, info@adler-schiffe.de, www.adler-schiffe.de. Z. B. ab Norstrand (90 Min.) Tagesrückfahrt Erw. € 15-27,50, Kinder € 15-20,50]*, von Dagebüll über Föhr oder von Schlüttsiel mit den Fähren der **WYKER DAMPFSCHIFFS-REEDEREI** *[Adresse siehe S. 75. Z. B. ab Dagebüll (über Föhr 120 Min., Direktverbindung 90 Min.) Tagesrückfahrt Erw. € 19,80 Kinder € 9,90]*. Egal von wo Sie starten: Wählen Sie die Zeiten so, dass auf der Insel fünf, sechs Stunden Zeit bleibt. Denn Groß und Klein wollen auf der rund 22 Kilometer langen Radstrecke sicher ein bisschen Kultur „erledigen" und den herrlichen Kniepsand erobern.

Im Blick: der „große Amrumer"

Mühlenmuseum

Am Südrand von Nebel erhebt sich die knubbelige **WINDMÜHLE** von 1771, die willige Paare gern für die standesamtliche Trauung nutzen. Wenn nicht gerade eine Hochzeit ansteht, kann man in ihrem mächtigen reetbedeckten „Bauch" heimatkundliche Exponate rund um den Mühlenbetrieb, die Seefahrt und den Walfang bestaunen. Zudem werden regelmäßig Werke zeitgenössischer Kunst präsentiert. *Maalenstegalk, 25946 Nebel, Tel. 0151-51 26 66 34, info@amrumer-windmuehle.com, www.amrumer-windmuehle.com. April-Okt Di-Sa 10.30-13 u. 14.30-17, Mo bis 16, So ab 11 Uhr. Eintritt frei, Spenden erbeten.*

Durch die Dünen in luftige Höhen
In **WITTDÜN** angekommen, finden Sie am Fähranleger die **AMRUMTOURISTIK** *[Inselstr. 145, 25946 Wittdün, Tel. 04682-940 30, info@amrum.de, www.amrum.de]* und ein paar Schritte weiter **MARCS FAHRRADVERLEIH**, der

Mit Reet gedeckt: die Windmühle am Ortsrand von Nebel

senen Dünen, den Wald im Norden, den breiten Sandstrand im Westen und die umliegenden Halligen und Inseln *[Mo-Fr 9-14 Uhr (letzter Einlass), außer feiertags. Erw. € 3, Kinder € 1]*.

In der Kapitänsstube

Nachdem sich alle einen Überblick verschafft haben, kann die Inselerkundung starten. Es geht ein kurzes Stück die Straße zurück und dann links in den Uasterstigh durch

ausreichend Räder, Sitze, Anhänger und Helme bereithält *[Inselstr. 12, 25946 Wittdün, Tel. 04682-94 90 77, www.marcsfahrradverleih.de. In der Hauptsaison Fahrräder, Anhänger € 8, Kinderräder ab € 4]*.

Auf dem Radweg parallel zur Inselstraße verlässt die Ausflugsgesellschaft Wittdün und radelt vorbei am AmrumBadeland (siehe S. 25) und mit Blick auf die Dünenlandschaft knappe 3 Kilometer zum **LEUCHTTURM**. Der „große Amrumer" von 1875 ist einschließlich der Großdüne unter ihm stolze 66 Meter hoch und damit der älteste und höchste Leuchtturm der Nordseeküste. Der Turm selbst misst 41,8 Meter. Um ihn zu erklimmen, müssen Schwindelfreie insgesamt 295 Stufen (123 zum Eingang, 172 im Turm) bewältigen. Als Belohnung genießt man von der Plattform einen fantastischen Panoramablick über die teils grasbewach-

die Felder nach Süddorf. Links taucht bald eine kleine Mühle auf. Sie wurde auf einem Grabhügel aus der Bronzezeit erbaut und war bis 1939 in Betrieb, heute dient sie als Privatwohnung. Nicht weit entfernt liegt rechts die Öömrang Skuul für zurzeit rund 200 Inselkinder. Junge Amrumer, die aufs Gymnasium möchten, haben es nicht leicht: Sie müssen nach Föhr oder aufs Festland ziehen.

Kurz hinter der Schule empfängt Sie das alte Fischerdorf **NEBEL** mit seinen roten und weißen Friesenhäuschen. Ein besonders hübsches Exemplar, ein Kapitänshaus des 18. Jahrhunderts, steht im Waaswai: das **ÖÖMRANG HÜS**. Es beherbergt das Museum und Archiv des Öömrang Ferian (Amrumer Verein), der sich für den Erhalt der Amrumer Kultur und den regionalen Naturschutz einsetzt. Schauen Sie doch mal in die gute Stube mit den zwei Alkoven – in der „Dörnsk" wurde auch geschlafen. Beheizt wurde das Wohnschlafzimmer durch einen „Bilegger"-Ofen in der Küche, wo eine schmucke blau-weiße Fliesenwand mit einem Schiffstableau zu bewundern ist *[Waaswai 1, 25946 Nebel, Tel. 04682-21 18, www.oeoemrang-hues.de. April-Okt Mo-Fr 11-13.30, 15-17, Sa 15-17, Nov-März Mo-Sa 15-17 Uhr. Eintritt frei, Spenden erbeten]*.

Geschichtsstunde auf dem Friedhof
Die Inselkirche **ST. CLEMENS** von 1236 liegt in unmittelbarer Nähe. Auf dem Friedhof stehen zahlreiche „sprechende Grabsteine" von 1670 bis 1830, die teilweise die Lebensläufe der Verstorbenen erzählen und mit Mühlen, Schiffen, Schwertern etc. verziert sind. Ob die älteren Kids die Geschichten entziffern können? Hinter der Kirche endet der Uasterstigh und die Radler biegen rechts ein in den Meeskwai. Vorbei am Haus des Gastes stößt man auf den Sandweg, der am Ostufer Amrums entlangführt. Hier lädt gleich eine Plattform zur Rast ein, um die tolle Sicht auf Salzwiesen, Schilf und Meer in Ruhe zu genießen. Mit Glück erspähen Vogelfreunde je nach Jahreszeit Knutts, Goldregenpfeifer, Kiebitze – und natürlich Möwen. Wenn alle verschnauft haben, rollen Sie durch die urwüchsige Uferlandschaft Richtung Norddorf.

Indoorspaß

Auch bei Schmuddelwetter kommt auf Amrum keine Langeweile auf: Im **ABENTEUERLAND** warten auf 1.300 Quadratmetern unzählige Spiel- und Spaßgeräte. Da saust man auf Bobbycars oder Autoscootern durch die Halle, erklimmt den Riesenrutschberg, erobert das Kletterlabyrinth oder powert sich auf den Trampolinen aus. Für Minis gibt's einen extra Bereich. *Hoofstich 3, 25946 Norddorf, Tel. 04682-96 86 64, www.abenteuerland-amrum.de. April-Okt Mo-Sa 10-17.30, So 12-17.30, Nov-März Sa 12-17.30 Uhr. Erw. € 5, Kinder € 9,50.*

Zwischenstopp mit Friesentorte

Gemütlich wird's im **CAFÉ SCHULT**. In dem traditionellen Café kann man im Sommer herrlich auf der Sonnenterasse ausspannen und eine typische Friesentorte genießen. Auch im Inneren versprüht das seit 1890 bestehende Café der Familie Schult einen besonderen Charme. Die einladende Kuchentheke lässt die Herzen aller Naschkatzen höherschlagen. In der angrenzenden Backstube werden diese Leckereien wie auch Brötchen und Brote jeden Tag frisch gebacken. *Ual Saarepswai 9, 25946 Norddorf, Tel. 04682–22 34, kontakt@cafe-schult.de, www.cafe-schult.de. Café Di-So 14-18, Bäckerei Di-Sa 6.30-12 u. 14-18, So 14-18 Uhr.*

Sand, Wasser und alte Amrumer

Kurz vor dem Ort geht der Weg in eine Teerstraße über, auf der Sie **NORDDORF** umrunden, um am Ende der Strandzufahrt beim **NATURZENTRUM** im ehemaligen Schwimmbad zu stoppen *[Strunwai 31, 25946 Norddorf, Tel. 04682-16 35, info@naturzentrum-amrum.de, www.naturzentrum-amrum.de. April-Okt Mo/Di, Do-So 10-17, Nov-März Mi/Fr/Sa/So 12-16 Uhr. Eintritt frei, Spenden willkommen]*. Neugierige Kinder erfahren hier an Spiel- und Forschungsstationen, warum und wann der viele Sand nach Amrum kam und wie sich Natur und Mensch daran angepasst haben. In den fünf Aquarien kann man sehen, wer sich in der Unterwasserwelt vor der Küste so alles tummelt. Und im Obergeschoss macht das **MARITUR** das Leben im alten Amrum greifbar. Kinder fasziniert besonders das Schicksal Hark Olufs', dessen Grabstein sie sicher in Nebel entdeckt haben. Der Kapitänssohn, 1708 in Süddorf geboren, geriet als 16-Jähriger in die Fänge von Piraten, die ihn als Sklaven an den Bey von Constantine verkauften. Innerhalb kurzer Zeit stieg er vom Mundschenk zum Kommandeur der Kavallerie auf. 1735 freigelassen, kehrte Hark als reicher Mann nach Amrum zurück. Eine spannende Geschichte, die auch in einer zehnminütigen Filmversion zu sehen ist. Kleine „Macher" zieht es zur Bastelstation mit Wasserbahn, um mit selbst gebauten Booten Wettrennen zu veranstalten. Das Naturzentrum ist – na klar! – eine Einrichtung des Öömrang Ferian. Die „Öömies" bieten auch spannende Führungen, naturkundliche Exkursionen, Fahrradtouren und Wattwanderungen an.

Auf dem Friedhof in Nebel

Halbzeit am Strand

Reich an neuem Wissen haben sich alle eine Pause verdient. Da trifft es sich gut, dass gleich hinter dem Naturzentrum der Kniepsand beginnt. Im letzten Gebäude vorm Strand serviert das Restaurant **STRAND 33** ambitionierte Speisen *[Strunwai 33, 25946 Norddorf, Tel. 04682-96 15 55. Tgl. ab 11.30 Uhr]*, der Kiosk nebenan einfache, aber leckere Fischbrötchen. Hier ist neben der DLRG auch das **LOLLYPOP** untergebracht, eins der drei Kinderhäuser auf Amrum, die rund ums Jahr jede Menge kostenlose Aktivitäten bieten – nicht nur etwas für Regentage *[Termine in „Amrum Aktuell" und bei der AmrumTouristik, siehe S. 70]*. Wer in Nebel die Badehosen auspackt, sollte die Uhr im Auge behalten, denn nach Wittdün zurück brauchen Sie etwa genauso lange wie für den Hinweg. Natürlich können Sie auch später in Nebel und Süddorf zum Strand abbiegen – immer den Schildern nach (siehe S. 24).

Endspurt

Der Rückweg führt über den Meeramwai durch die schöne Heide- und Waldlandschaft der westlichen Inselseite. Sie passieren den Nebeler Ortsteil Westerheide und **SÜDDORF** mit seinen schmucken Reetdachhäusern. Hinter dem ältesten Inseldorf blitzt bald der Leuchtturm zwischen den Bäumen auf.

Wenn Sie in **WITTDÜN** noch Zeit haben, bummeln Sie durch die Gassen, lassen sich vor einem der Cafés nieder oder flanieren Sie über die Wandelbahn, wie die Promenade heißt, die einmal um den Ort führt. Bänke laden zum Ausruhen ein und von den kleinen Aussichtsbalkonen hat man einen tollen Blick auf die Insel- und Halligwelt und den unendlich weiten Sandstrand Amrums.

Rund um die Vogelkoje

Auf dem Waldweg zwischen Nebel und Norddorf weisen Schilder zur **VOGELKOJE**. Was sich dahinter verbirgt? An dem künstlich angelegten See wurden von 1866 bis 1936 Tausende Wildenten zum Verzehr gefangen. Zwei der alten Fangeinrichtungen stehen heute noch. Aber keine Angst, die Gänse, Enten, Schwäne, Hühner und anderen Wasservögel, die sich hier tummeln, werden nicht mehr in die Falle gelockt. Gleich neben dem Teich grast Damwild in einem kleinen Wildgehege. Ein Bohlenweg mit Hinweistafeln schlängelt sich durch das Gelände, vorbei an den Überresten einer Siedlung aus dem 1. Jahrhundert, bis zum Strand.

Ein typisches Friesenhaus mit Reetdach und Mittelgiebel in Nebel

Tour 9: Ein Tag in der „friesischen Karibik“

FÖHR: WYK • OEVENUM • ALKERSUM • OLDSUM • UTERSUM • NIEBLUM

WO: *im Weltnaturerbe Nationalpark Wattenmeer vor der Küste Nordfrieslands* – **WIE:** *Anreise per Schiff, auf Föhr mit dem Fahrrad, evtl. per Bus und zu Fuß* – **DAUER:** *Tagesausflug oder mehrtägiger Aufenthalt* – **NICHT VERGESSEN:** *Sonnencreme, Kopfbedeckung, Fernglas, Badezeug*

Im Norden das platte, grüne Marschland, im Süden ein weißer feinsandiger Strand, dazwischen pittoreske Friesendörfer – kein Wunder, dass auf Föhr, auch liebevoll „friesische Karibik“ genannt, das erste Seeheilbad an der schleswig-holsteinischen Westküste gegründet wurde. Viele Familien zieht es hierher und auch bei Dauerregen kommt kein Ferienblues auf: Der Veranstaltungskalender strotzt nur so von Angeboten für Familien und Kinder, Wattexkursionen, Puppentheater, Zauberworkshops, und, und, und… Natürlich bietet Föhr mehr, als man an einem Tag erleben kann – verschaffen Sie sich doch einen Überblick bei einer abwechslungsreichen Fahrradtour.

Abenteuer Anreise

Wer nicht gerade per **KLEINFLUGZEUG** von Sylt *[Westküstenflug GmbH, Am Flugplatz 18, 25938 Wyk auf Föhr, www.foehr.de/flugzeug. Abflug Sylt 10.30 u. 17.30 Uhr (Flugzeit 12 Min.). Pro Flug (3 Pers.) € 79]* anreist, schippert von Amrum (siehe S 70) oder Dagebüll (siehe S 60) nach Föhr *[Wyker Dampfschiffs-Reederei Föhr-Amrum GmbH, 25938 Wyk, Am Fähranleger 1, Tel. 04667-940 30, info@faehre.de, www.faehre.de. Z. B. ab Dagebüll (45 Min.) mehrmals tgl. ab 5 Uhr, Rückfahrt bis 18.45 Uhr. Tagesrückfahrt Erw. € 14, Kinder (6-14 J.) € 7]*.

Piratentage

Zweimal während der Sommerferien wird Föhr von Piraten heimgesucht. Dann verwandelt sich das Areal rund um den Musikpavillon (Sandwall 38) drei Tage lang in ein turbulentes **SEERÄUBERLAGER** mit Spielen, Piratentaufe, Puppentheater, Disco und vielem mehr.
Das Tolle daran: Der meiste Spaß ist gratis, lediglich für die Piratenfahrten und andere Ausflüge müssen die Freibeuter Gold auf den Tresen legen.
Infos und Karten bei der Tourist-Info, z. B. Piratenfahrten Erw. € 15, Kinder (4-10 J.) € 19 *(siehe auch S. 95)*.

Auf die Räder, fertig, los!
Beim Verlassen der Fähre kommen Urlauber direkt auf die **TOURIST-INFO** zu, wo man mit Tipps, Karten und Busfahrplänen weiterhilft *[Föhr Tourismus GmbH, im W.D.R.-Servicegebäude, Am Fähranleger 1, 25938 Wyk auf Föhr, Tel. 04681-300, urlaub@foehr.de, www.foehr.de]*. Auf Föhr ist das Fahrrad das Fortbewegungsmittel der Wahl, und so finden sich in Hafennähe gleich vier **VERLEIHE** *[Deichgraf, Hafenstr. 5, Tel. 04681-24 87; Ingo's Fahrradverleih, Boldixumer Str. 9, 04681-74 15 47; Fahrradverleih Fehr, Badestr. 6, Tel. 04681-38 64; Fahrradverleih Schultz, Süderstr. 22, Tel. 04681-83 19. Räder/Tag für Erw. ca. € 6, für Kinder ca. € 3]*. Bestens ausgestattet, nehmen Sie die mit Dreieck, Stern und Raute gekennzeichnete Radroute nach Oevenum, vorbei an Boldixum und Wrixum. An Donnerstagen muss man in **OEVENUM** ein Stück schieben, dann findet auf der Buurnstrat rund um die Friedenseiche der **WOCHENMARKT** statt *[Mai-Sep Do 10-12 Uhr]*. Neben Obst, Gemüse und Handwerkskunst werden auch Bratwürste und Waffeln verkauft. An der Friedenseiche führt der Weg in die Marsch hinein, in einem Bogen am Ortsrand von Midlum vorbei, und schon sind Sie in **ALKERSUM**.

Kunst, Küste und Meer
Wer über Dagebüll angereist ist, hat an den Küstenstraßen sicher die Hinweisschilder zum **MUSEUM KUNST DER WESTKÜSTE** gesehen und sich gewundert, im Dagebüller Inselparkhaus zu landen. Kunstinteressierte wissen, dass sich die 2009 eröffnete Millionenanlage in Alkersum befindet.

Friesenmuseum

Mitten in Wyk erstreckt sich das ca. 10.000 Quadratmeter große Gelände des **DR.-CARL-HÄBERLIN-FRIESEN-MUSEUMS**. Hier erfährt man alles über die Geschichte, Natur und Kultur Föhrs und der Nordfriesischen Inseln. An Modellen, Filmen, Hörstationen, der Märchenhöhle und den Kinderführungen hat auch der Nachwuchs Spaß. Draußen gibt das Haus Olesen von 1617 Einblick in das Leben längst vergangener Zeiten.
Rebbelstieg 34, 25938 Wyk auf Föhr, Tel. 04681-25 71, info@friesen-museum.de, www.friesen-museum.de. Mitte März-Okt Di-So 10-17, Juli/Aug auch Mo, Nov-Mitte März Di-So 14-17 Uhr. Erw. € 4,80/mit Kurkarte € 3,50, Kinder (6-17 J.) € 2/€ 2,50, Fam. € 8/11, Führungen Erw. € 3, Kinder € 1 zzgl. Eintritt.

In sechs Saalbauten werden eine Auswahl der rund 500 Gemälde und Grafiken umfassenden Sammlung des schwedischen Stifters Frederik Paulsen sowie Wechselausstellungen präsentiert. Das Thema ist allen Werken gemeinsam: die Faszination von Meer und Küste. So sind Reiter am Strand, Badende in der Brandung, wettergegerbte Fischer, Schiffe auf sturmgepeitschter See zu sehen. Unbekannte hängen neben den Großen wie Max Liebermann, Max Beckmann, Emil Nolde und Edvard Munch.

Die Farbe aller Farben

Kleine Museumsbesucher werden vom Blau-Raum magisch angezogen. Um hineinzugelangen, müssen sie orangefarbene Stoppersocken anziehen und durch einen Schrank schlüpfen. Von der blauen Decke baumeln Flaschenzüge, an denen Postkarten, Bücher, Gegenstände befestigt sind, die frühere Besucher „gestiftet" haben. Jeder darf sich ein Stück aussuchen, sofern er selbst einen Schatz hinterlässt. In den Röhren an der blauen Wand ist Platz für „Flaschenpost", Nachrichten oder Bilder von Kindern für Kinder. Zur Entspannung gibt's Bücher, Hörspiele, etwa „Käpt'n Blaubär", und Malsachen. Wer über sechs Jahre alt ist, darf sich in den Ferien zu einem Workshop anmelden. Dabei werden Bilder angeschaut, „gehört" und anschließend gemalt. Für das leibliche Wohl sorgt der angeschlossene **GRETHCHENS GASTHOF**. Im Museumsgarten kann man bei Kaffee oder warmen Speisen ausruhen *[Museum Kunst der Westküste, Hauptstr. 1, 25938 Alkersum, Tel. 04681-74 74 00, info@mkdw.de, www.mkdw.de. Ende Feb-Okt Di-So 10-17.30, Do bis 20, Nov-Mitte Jan Di-So 12-17 Uhr (24., 25., 31. Dez geschl.). Erw. € 8, Kinder (ab 12 J.) € 4, Fam. € 16, Workshops ab € 8. Gasthof: Tel. 04681-747 40 45]*.

Auf nach Westen

Nach dem Museumsbesuch müssen sich die Ausflügler entscheiden, ob sie die kurze Variante wählen und gleich über Nieblum zum Gotinger Strand fahren (insgesamt ca. 18 km) oder ob sie fit genug sind für die große Runde über die westlichen Inseldörfer (insgesamt ca. 34 km). Bequeme Variante: Lassen Sie die Fahrräder in Alkersum stehen und steigen Sie in den **BUS DER W.D.R.**, der Sie in einer guten halben Stunde über Oldsum, Süderende,

Die Attraktion für junge Museumsbesucher in Alkersum ist der Blau-Raum

Kapitänshäuser in Nieblum

Dunsum, Utersum, Borgsum, Nieblum und zurück nach Alkersum bzw. umgekehrt kutschiert *[Linien 1, 11 ab Hauptstraße Alkersum, Linien 2, 22 ab Nieblumweg. Ab 6 J. einfache Fahrt € 1,50-3,10, RundFöhrKarte (ohne Ausstieg) € 5, Tageskarte € 7]*. Langstreckenfahrer schlagen den an der Hauptstraße abzweigenden Marschweg Richtung Borgsum ein. Kurz vor dem Ort geht es scharf rechts und rechter Hand taucht ein grasbewachsener Erdwall auf: die **LEMBECKSBURG**. Dort, wo einmal ein Holztor war, betritt man den inneren Bereich mit ca. 95 Meter Durchmesser. Für die Kinder wird's umso spannender, wenn sie erfahren, dass die Burg im 9./10. Jahrhundert vermutlich ein Wikingerstützpunkt war. Und um 1370 hielt sich der Ritter Klaus Lembeck hier versteckt, bis er von Friesen und den Truppen des Dänenkönigs Waldemar vertrieben wurde. Nach der Erkundung geht's weiter, der mit Dreieck und Stern gekennzeichneten Route folgend, in den Nordwesten nach …

Künstlerdorf und Badefreuden

… **OLDSUM**. Viele Künstler und Kunsthandwerker haben sich hier niedergelassen, ein Friesenhaus mit Atelier, Laden oder Café reiht sich ans andere. Wer nach Mitbringseln sucht, wird z. B. in **STELLY'S HÜÜS** fündig *[Haus Nr. 38, 25938 Oldsum, Tel. 04683-306. April-Okt 11.30-18, Nov-März Mi-So 14-18 Uhr. Eintritt frei]*. In der Töpferstube kann man einkaufen und zusehen, wie die schönen Keramiken entstehen, und im Café riesige Tortenstücke ordern. Ein kleines Museum darüber zeigt z. B. Muscheln und Kuriositäten wie Opiumpfeifen.
Wer Bauch und Taschen gefüllt hat, radelt südwärts durch Süderende und biegt an der St.-Laurentii-Kirche rechts ab. Sie gelangen nach **UTERSUM**, Föhrs Perle an der Westküste. Hauptattraktion ist hier der **STRAND** in Südwestlage, der bei Familien und Surfern beliebt ist. Doch heute geht es erst mal weiter, und zwar auf dem mit einem Kreis markierten Radweg durch das Naturschutzgebiet der Godelniederung. Hinter den ersten Häusern von **GOTING** biegen Sie rechts ab und links in den Deelswai, der auf das **GOTING-KLIFF** zuführt. Am Parkplatz am Klafwai haben bereits die Fahrer der Kurzstrecke ihre Räder abgestellt und die sportlichen Nachzügler nehmen nun ebenfalls den Weg zum Strand. Hier ist es nicht ganz so betriebsam wie an den Stränden von Nieblum oder Wyk (siehe auch S. 26/27), baden und Sandburgen bauen kann man aber ebenso gut.

Das Bilderbuchdorf

Bevor Sie nach Wyk zurückkehren, sollten Sie einen kleinen Abstecher nach **NIEBLUM** unternehmen. Immerhin gilt das mehrfach ausgezeichnete Dorf als eins der schönsten Deutschlands. Das Ortsbild wird geprägt von gepflasterten Lindenalleen und

Die perfekte Welle

Im **AQUAFÖHR** verwandeln sich salzige Fluten alle 30 Minuten in eine stürmische „Nordsee“, zwischendurch stürzen sich quietschende Kids die 70-Meter-Rutsche hinab. Alle Becken, innen wie außen, sind mit 25 bis 35 Grad warmem Meerwasser gefüllt. Minis haben ihren eigenen Bereich und Mama lässt sich mit Massagen verwöhnen. *Stockmannsweg 1, 25938 Wyk auf Föhr, Tel. 04681-300, www.aquafoehr.de. Wellenbad: Winter Mo-Fr Kernzeit 14-18, Sa/So/Feiertage 10-18, Sommer (Mitte März-Ende Okt) Mo-Mi/Fr 10-21, Do 10-17, Sa/So 10-18 Uhr. 3 Std. Erw. € 8,30, Kinder € 5,20, Fam. (2 Erw., 2 Kinder) € 21,80.*

prächtigen Kapitänshäusern. Letztere zeugen von den goldenen Zeiten im 17./18. Jahrhundert, als viele Föhrer auf holländischen und englischen Walfängern zur See fuhren und dabei zu Ruhm und Wohlstand gelangten. Auf dem Friedhof rund um St. Johannis im Norden des Dorfes erzählen Grabsteine ihre Lebensgeschichten. Wen nach dem erlebnisreichen Tag der große Hunger packt, der wird im **RESTAURANT ZUM SCHLACHTER** (siehe Kasten rechts) bestens versorgt. Eine Alternative ist das **CAFÉ OSTERHEIDE** mit hausgebackenem Kuchen, Waffeln und einem riesigen Garten mit Spielgeräten *[Heidweg 18, 25938 Nieblum, Tel. 04681-28 95, post@hotelosterheide.de, www.foehr-hotel-osterheide.de. Restaurant April-Okt tgl. ab 11 Uhr]*.

Bummeln & shoppen
Zurück nach Wyk gelangen Sie über den Grevelingstieg, der südostwärts aus Nieblum hinausführt. Vorbei an der 27-Loch-Anlage des Golf Clubs Föhr schwenken Sie hinter dem Föhrer Flugplatz nach links in den Fehrstieg und fahren über Haidweg, Strandstraße und Boldixumer Straße Richtung Hafen und zum Fahrradverleih. Ist noch Zeit, bevor die Fähre ablegt, können sich die Ausflügler in den kleinen Gässchen der Fußgängerzone südlich der Hafenstraße umschauen. Beachten Sie, dass Sie jedoch „nur“ 20 Kilo Gepäck pro Person mit auf die Fähre nehmen dürfen – was bei einem Tagesausflug aber schwer zu toppen sein dürfte.

Familienrestaurant

ZUM SCHLACHTER ist ein Familienrestaurant mit Kinderbüchern, Wickeltisch, Kinderkarte und Spielecke im Garten. Hier wird auf Qualität und Frische geachtet, und das bei üppigen Portionen – sei es nun ein deftiges Bauernfrühstück oder eine zarte Scholle. *Kertelheinallee 1, 25938 Nieblum, Tel. 04681-58 02 08, zumschlachter@t-online.de, www.zum-schlachter.de. Tgl. ab 11.30, ab 13.30 Uhr in der angeschlossenen „Hofbräustube Föhr“ nebenan.*

Tour 10: Kreuz und quer durch Sylt

WESTERLAND • HÖRNUM • TINNUM • KEITUM • MORSUM • WENNINGSTEDT • KAMPEN • LIST

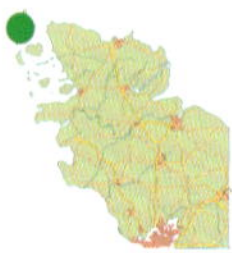

WO: *im hohen Norden vor der Küste Nordnordfrieslands* – **WIE:** *Anreise per Bahn, Autozug, Fähre oder Flugzeug* – **DAUER:** *einen Tag oder mehr* – **NICHT VERGESSEN:** *Badezeug*

Sylt an einem Tag erleben – unmöglich, werden Fans der Insel jetzt rufen. Schließlich wurde die größte deutsche Nordseeinsel mit einem kilometerlangen Strand und einer einzigartigen Naturlandschaft beschenkt. Ganz zu schweigen vom Watt im Osten, den hübschen Dörfern oder den vielfältigen Sportmöglichkeiten. Also können wir den Experten nur beipflichten und haben uns drei Tagesausflüge ausgedacht, die sich auch gut aufteilen und zu Fuß oder per Fahrrad bewältigen lassen. Und vielleicht werden Sie bei Ihrem Besuch ja auch vom „Sylt-Fieber" gepackt und bleiben einfach ein paar Tage länger?

Auf Schienen, übers Meer und durch die Luft

Wer im Urlaub einen kurzen Abstecher nach Sylt unternehmen möchte, kann z. B. von Dagebüll, Nordstrand, Föhr und Amrum nach Hörnum mit den **ADLER-SCHIFFEN** und der **W.D.R.** anreisen (siehe S. 70 u. 75). Oder man setzt sich in den **ZUG** und schuckelt über den 1927 erbauten Hindenburgdamm nach Westerland *[Fahrpläne und Tarife unter www.nah-sh.de]*. Auch aufs geliebte Auto muss niemand verzichten, denn das darf auf dem **SYLTSHUTTLE** ab Niebüll *[Service-Tel. 01806-22 83 83 (20 ct/Anruf a. d.*

Kunst am Westerländer Bahnhof: reisende Riesen im Wind

Ab durch die Dünen

Beliebte Radlstrecke ist die **TRASSE DER „RASENDEN EMMA“**, der 1970 stillgelegten Inselbahn. Von Westerland nach Hörnum im Süden bzw. List im Osten geht es auf je 18 Kilometern durch die Dünen. Wenn kurze Beine müde werden, wechselt man auf den Linienbus. *Sylter Verkehrsgesellschaft, Tel. 04651-83 61 00, info@svg-busreisen.de, www.svg-busreisen.de. Familientageskarte Maxi (2 Erw., 4 Kinder) € 21,80, 3-Tages-Karte (2 Erw., 4 Kinder) € 47, Fahrräder € 1,60-4). Fahrradverleihe gibt's in jedem Ort, eine Liste finden Sie auf der Homepage der Sylt Marketing GmbH (siehe unten).*

dt. Festnetz, Mobilfunk max. 60 ct/Anruf), www.syltshuttle.de. Rückfahrt (innerhalb 2 Mon.) Pkw bis 6 m inkl. Pers. ab € 81] oder auf der **SYLTFÄHRE** von Rømø nach List mitreisen *[Tel. 0461-86 46 01, www.syltfaehre.de. Rückfahrt Pkw bis 6 m inkl. Pers. ab € 71]*. Und ganz Eilige können Sylt auch per **FLUGZEUG** ansteuern *[Infos und Buchung: Flughafen Sylt GmbH, Tel. 04651-92 06 12, service@flughafen-sylt.de, www.flughafen-sylt.de]*.

Ausflug 1: Wasserabenteuer

Die erste Tour auf Sylt *[Sylt Marketing GmbH, Stephanstr. 6, 25980 Westerland, Tel. 04651-820 20, info@sylt.de, www.sylt.de]* startet in **WESTERLAND**, wo die meisten der Reisenden ankommen. Die **FUSSGÄNGERZONE** rund um die Friedrichstraße ist vom Bahnhof aus schnell erreicht. Auf der Shoppingmeile gibt es viel anzugucken – auch die, die gesehen werden wollen. Im Westen endet die Friedrichstraße an der **STRANDPROMENADE** *[Kurabgabe ab 18 J. € 3/Tag]*, rechts die nostalgische Musikmuschel, wo sommers fast täglich Konzerte gegeben werden. Wer die Kinder vom Strand (siehe S. 28) loseisen kann, folgt der Promenade nach Süden. Sie geht in einen Bohlenweg über, kurz darauf führt eine Holztreppe, die Himmelsleiter, über die Dünen. Barriere- und kostenfrei gelangt man über Dünenstraße und Stranddistelweg ebenfalls zum **SYLT AQUARIUM**, das nun geentert wird (siehe auch S. 100). Ein Highlight sind die Panoramatunnel, durch die man trockenen Fußes durch die Meereswelten „Helgoland“ und „Korallenwelt“ mit 170.000 und 500.000 Litern Wasser schreitet, und natürlich die über 1.000 Meeresbewohner *[Gaadt 33, 25980 Westerland, Tel. 04651-836 25 22, info@syltaquarium.de, www.syltaquarium.de. Tgl. 10-18 Uhr. Ab 16 J. € 13,50, Kinder (4-15 J.) € 10, Fam. ab € 35,50]*.
Südlich von Westerland eröffnet sich der Blick auf das Rantumbecken, das durch einen Deich vom Wattenmeer abgetrennt ist – eine bei Radlern und Wanderern beliebte Strecke. Wenig später weisen die Schilder zur **SANSIBAR**, der über 30-jährigen Kult-Strandhütte *[Hörnumer Str. 80, 25980 Rantum, Tel. 04651-96 46 46, info@sansibar.de, www.sansibar.de]*.

In einer Stunde umkreist man zu Fuß von Hörnum aus die Odde, die Südspitze Sylts

Einmal um die Spitze
Im äußersten Süden hat sich **HÖRNUM** vom vergessenen Fleckchen zum beliebten Urlaubsort gemausert. Wo einst Militärkasernen standen, erstreckt sich heute der 18-Loch-Linkskurs des Golfclubs Budersand samt gleichnamigem 5-Sterne-Hotel. Nebenan legen Ausflugsschiffe nach Föhr, Amrum, zu den Halligen und den Seehundbänken ab. Vom Hafen aus machen sich Spaziergänger auf den Weg zur Odde, der Südspitze der Insel, am Wattenmeer entlang. Zurück geht's auf der anderen Seite in Begleitung der Nordseebrandung. Früher dauerte die Umrundung Stunden, heute schafft man es in einer – die Odde hat in den letzten Jahrzehnten viel an Fläche verloren. Am Weststrand lädt das Dünenrestaurant **KAP-HORN** zur Stärkung ein *[Süderende 24, 25997 Hörnum, Tel. 04651-88 15 48, info@kap-horn-sylt.de, www.kap-horn-sylt.de]*. Hier oder am Strand kann man zusehen, wie die Sonne im Meer versinkt, und vielleicht einen Schweinswal sichten.

Ausflug 2: In den wilden Osten
Optimaler Start für die Erkundung des Sylter Ostens ist ein Besuch in Tinnum, denn in den Wiesen versteckt sich ein kleines Kinderparadies. Neben Rehen, Uhus, Schweinen leben im **TIERPARK TINNUM** auch Papageien und Emus *[Ringweg 100, 25980 Tinnum, Tel. 04651-326 01. Mai-Okt tgl. 10-19 Uhr. Erw. € 12, Kinder (3-14 J.) € 6]*. Am Ortseingang von **KEITUM** weiter östlich lässt man das Auto stehen, denn fast das gesamte

Schokotraum

Süßschnäbel pilgern ins Tinnumer Gewerbegebiet: In der **SYLTER SCHOKOLADEN-MANUFAKTUR**, einem Ableger des „Café Wien" in der Westerländer Strandstraße, werden fast 300 Schokoladen- und 100 Pralinensorten gefertigt und verkauft, ob pur, mit Chili, Meersalz oder Champagner, laktosefrei oder auch als „Syltella"-Aufstrich. *Zum Fliegerhorst 15, 25980 Tinnum, Tel. 04651-299 15 01, info@cafe-wien-sylt.de, www.cafe-wien-sylt.de. Tgl. 9-19 Uhr.*

Friesendorf mit seinen reetgedeckten Kapitänshäusern und der St.-Severin-Kirche (12. Jh.) ist verkehrsberuhigt. Bei einer Rallye durchs **SYLTER HEIMATMUSEUM** des Söl'ring Foriining erfährt man viel über die von Schifffahrt, Walfang und Sturmfluten geprägte Inselgeschichte *[Am Kliff 19, 25980 Keitum, Tel. 04651-316 69, soelring-foriining@t-online.de, www.soelring-foriining.de. April-Okt Mo-Fr 10-17, Sa/So 11-17, sonst Mi-Sa 12-16 Uhr. Kombikarte mit Altfriesischem Haus Erw. € 8,50, Kinder € 3]*. Der Heimatverein hält zudem das **ALTFRIESISCHE HAUS** in Schuss, das die Wohnkultur des 18. Jahrhunderts veranschaulicht, in der **MUSEUMSWEBEREI** darf an Kinderwebstühlen gearbeitet werden *[Am Kliff 13, 25980 Keitum, Tel. 04651-311 01. Öffnungszeiten und Preise siehe Heimatmuseum. Weben Di-Fr 15-17 Uhr]*. Danach bietet sich ein Bummel durch den Ort an. Für Käseliebhaber liegt etwas versteckt, direkt am Bahnhof rechts, am Ende der Straße das **FRIESISCHE KÄSELÄDCHEN** mit einer schmackhaften Auswahl frisch aus der Region *[Siidik 6, 25980 Sylt. Mo-Fr/So 11-16, Sa 10-14 Uhr]*.

Am „Tor zur Insel"

Vom **KEITUMER KLIFF** aus könnte man dem Kurweg am Watt entlang zu Fuß bis Braderup (siehe S. 84) folgen, doch heute geht es weiter nach Morsum. Das „Tor zur Insel" liegt malerisch zwischen Wiesen, Feldern und Heideflächen. Kurz vorm Hindenburgdamm erhebt sich das **MORSUM-KLIFF**. Auf fast 2 Kilometer Länge lassen sich hier bis zu acht Millionen Jahre alte Erdschichten erkennen. Vom Parkplatz am **LANDHAUS SEVERIN'S** weist ein Schild den Weg durch die Heide- und Dünenlandschaft. Im gemütlichen Restaurant oder auf der Terrasse kann man es sich nach dem Kliffbesuch bei gehobener Sylter Küche gut gehen lassen *[Nösistig 13, 25980 Morsum, Tel. 04651-460 68 80, info@landhaus-severins.de, www.landhaus-severins.de]*.

Spaziergang durch die Heide- und Dünenlandschaft auf dem Morsum-Kliff

Unterwegs mit zwei PS

Ihre Kids haben keine Lust auf Wandern? Da trifft es sich gut, dass man von Mai bis Oktober **KEITUM** in einer schaukelnden **KUTSCHE** erobern kann. *Informationen beim Tourismus-Service Keitum, Gurtstig 23, 25980 Keitum, Tel. 04651-33 70, www.keitum.de. Mai-Okt Mi u. So 11-14 Uhr, Dauer ca. 1 Std. Erw. € 8, Kinder € 4.*

Ausflug 3:
Steinzeit- und Naturabenteuer
Für unsere letzte „Tour de Sylt" steigt man am besten in den Bus. Los geht's im angenehm unaufgeregten **WENNINGSTEDT** zwischen Westerland und Kampen. Von der Haltestelle Hauptstraße (Bus 1) spazieren die Ausflügler am Dorfteich entlang zum **DENGHOOG**, einem über 5.000 Jahre alten Ganggrab, das auch innen besichtigt werden darf *[Am Denghoog, 25996 Wenningstedt-Braderup, Tel. 0170-697 16 87. April-Okt Mo-Fr 10-17, Sa/So 11-17 Uhr. Erw. € 4,50, mit Gästekarte € 3, Kinder € 1,50]*. Nun haben Sie die Wahl: Ein etwa 3,5 Kilometer langer Spaziergang führt über den Dünensteg vom Parkplatz an der Strandkorbhalle zum beeindruckenden **ROTEN KLIFF** und weiter nach Kampen. Oder Sie fahren mit dem Bus 3a bis Braderup zum Naturzentrum der **NATURSCHUTZGEMEINSCHAFT SYLT** *[M.-T.-Buchholz-Stich 10a, 25996 Wenningstedt-Braderup, Tel. 0465-444 21, naturschutz-sylt@t-online.de, www.naturschutz-sylt.de. April-Okt Mo-Sa 10-18 Uhr. Eintritt frei, Spenden erbeten]*. Alles Wissenswerte rund um die Insel, den Küstenschutz, Flora und Fauna ist hier kindgerecht aufbereitet. Der Verein bietet zudem Führungen am Morsum-Kliff und durch die Braderuper Heide an. Natürlich kann man auch auf eigene Faust durch diese urwüchsige Landschaft bis nach **KAMPEN** spazieren.

In den hohen Norden
Von Kampen lassen sich die Syltentdecker zum **LISTER HAFEN** kutschieren (Bus 1, 5). Im nördlichsten Inselort lockt das **ERLEBNISZENTRUM NATURGEWALTEN** (siehe S. 99), aber auch sonst gibt es viel zu gucken: Hier legen täglich die Fähre nach Rømø, Krabbenkutter, Segelboote und Ausflugsschiffe an und ab, auch so manches Kreuzfahrtschiff wird hier gesichtet. Und im Sommer sticht fast täglich der Kutter „Gret Palucca" mit kleinen Piraten in See (siehe S. 95). Vom Strandkorb vor **GOSCHS NÖRDLICHSTER FISCHBUDE DEUTSCHLANDS** oder vom **HAFENDECK** darüber hat man einen guten Blick auf das maritime Treiben *[Am Hafen, 25992 List, Fischbude Tel. 04651-87 04 01, Hafendeck Tel. 04651-836 09 66, info@gosch.de, www.gosch.de]*. Bei List liegt auch der nördlichste Punkt Deutschlands: der **ELLENBOGEN**. Die unberührte Natur des Vogelschutzgebietes ist wie geschaffen für einen ausgedehnten Spaziergang, doch heute werden Ihre Kids sicher streiken – ein guter Grund, noch einmal nach Sylt zu kommen!

4

DIE TOLLSTEN ATTRAKTIONEN FÜR KINDER

Steinzeitpark Dithmarschen

Lust auf eine Zeitreise rund 5.000 Jahre zurück in die Vergangenheit? Auf dem ca. 40 Hektar großen Areal des **STEINZEITPARKS DITHMARSCHEN** entsteht nach und nach eine Kulturlandschaft, wie sie zur Zeit der ersten Bauern in Schleswig-Holstein ausgesehen haben mag. Vom Eingang führt der Weg ins Freigelände mit Großsteingräbern, Riesenbetten und Grabhügeln aus Jungstein- und Bronzezeit. Hier weiden alte Haustierrassen wie Parkrinder, Vielhornschafe, Ziegen und Konik-Wildpferde, Infotafeln erklären anschaulich die einzelnen Stationen. Dann geht es ins Steinzeitdorf, das ständig vergrößert wird. Die Häuser „Flögeln", „Pennigbüttel" und „Flintbek" sind nach archäologischen Funden rekonstruiert und zum Teil „urgeschichtlich" eingerichtet. So richtig spannend ist es sonntags und an den zahlreichen Aktionstagen: Dann darf kind mit Naturfarben malen, Steinzeitmesser bauen, töpfern und vieles mehr.

Basteln und matschen im Museum

Noch mehr Steinzeitluft schnuppern kann man im **MUSEUM FÜR ARCHÄOLOGIE UND ÖKOLOGIE DITHMARSCHEN.** Gezeigt wird die Entwicklung der Region angefangen in der Steinzeit bis ins Mittelalter. Sehr beliebt: der Basteltisch und die Sandexperimentierstation im Museumshof.
Bahnhofstr. 29, 25767 Albersdorf, Tel. 04835-97 19 74, info@museum-albersdorf.de, www.museum-albersdorf.de. Mi-So 11-17 Uhr. Erw. € 2,50, Kinder € 1, Fam. € 5, Kombiticket mit Steinzeitpark Mo-Sa € 3,50/1,50/7, So € 7/2/14,50.

Wie wohnten wohl unsere Vorfahren?

STEINZEITPARK DITHMARSCHEN: *Süderstr. 47, 25767 Albersdorf, Tel. 04832-959 73 33 u. 97 10 97, info@aoeza.de, www.aoeza.de. Ende März-Okt Di-So 11-17. Di-Sa (außer an Aktionstagen) Erw. € 6, Kinder (6-17 J.)/Studenten € 3, Fam. € 14,50, Gruppen (ab 4 Pers.) € 4/Pers. Mitmachaktionen im Internet.*
ANFAHRT: *Am südlichen Ortsrand von Albersdorf, östlich der B 204 in Richtung Itzehoe. Mit der Bahn bis Albersdorf.*

Neugierig: Auch die Robben werfen gern mal einen Blick auf die Besucher

Seehundstation Friedrichskoog

Was ist eigentlich ein Heuler? Wer diese Frage nicht beantworten kann, ist hier genau richtig. Die **SEEHUNDSTATION FRIEDRICHSKOOG** ist die einzige zugelassene Aufnahmestelle für verlassen oder erkrankt aufgefundene Robben in Schleswig-Holstein und widmet sich seit über 30 Jahren der tiergerechten Aufzucht, dem Artenschutz und der Forschung. Doch keine Bange, wissenschaftlich-trocken geht es hier gar nicht zu. Gleich am Eingang wartet Kurt, der begehbare Seehund, auf spielfreudige Kids. Links lädt die Ausstellung im Infozentrum „Seehund" ein, mehr über Seehunde, Kegelrobben und andere Meeressäuger zu erfahren. Per Videokameras und „live" vom ersten Stock aus kann man in den abgeschirmten Aufzuchtbereich schauen, sofern sich gerade ein paar Heuler – von der Mutter dauerhaft verlassene Jungtiere – in der Station befinden. Wenn Fütterungszeit ist, geht's schnell nach draußen zu den Seehunden und Kegelrobben, die sich im großen Beckensystem mit rund 800 Kubikmetern Nordseewasser tummeln. Dabei erzählt ein Mitglied des kleinen Teams Interessantes über die Robben und die Arbeit der Station. Beispielsweise, dass die Fütterung meist mit einem Training verbunden ist, damit notwendige Untersuchungen oder Medizingaben für Betreuer und Tiere gefahrlos und stressfrei ablaufen.

Im Unterwasserbereich lassen sich Snorre, Lilli & Co in ihrem Element beobachten. Von hier aus gelangt man zur Erlebnisausstellung „Robben der Welt", die verschiedene Lebensräume der Meeressäuger erfahrbar macht: So kann man in die dunkle Höhle der Mönchsrobbe schauen oder einem Seeleoparden in der Antarktis auf der Jagd folgen. Im Sinnestunnel eine Etage drüber probieren die Lütten fühlend und tastend aus, wie sich Seehunde in der Nordsee zurechtfinden.

SEEHUNDSTATION FRIEDRICHSKOOG E.V.: *An der Seeschleuse 4, 25718 Friedrichskoog, Tel. 04854-13 72, info@seehundstation-friedrichskoog.de, www.seehundstation-friedrichskoog.de. April-Okt tgl. 10-18, Nov-März 10-16, Fütterung April-Okt 10.30, 14, 17.30, Nov-März 10.30, 12.30, 14, 15.30 Uhr. Erw. € 7, Kinder (2-16 J.) € 5, Fam. € 19, mit Multimar Wattforum u. Naturzentrum Katinger Watt: Erw. € 14, Kinder (4-16 J.) € 9,60, Fam. € 38,40.*

Willi, der Wal

In Friedrichskoog ist auch der **INDOOR-SPIELE-WAL WILLI** gestrandet. In seinen mächtigen Bauch hat er sich Riesentrampoline, Kletterlabyrinthe und vieles mehr einverleibt. Getobt wird auf Socken, die man bei Bedarf an der Kasse kauft.
Am Hafen 10, 25718 Friedrichskoog, Tel. 04854-909 82 31, spielen@wal-friedrichskoog.de, www.wal-friedrichskoog.de. Mo-Fr 14-19, Sa/So u. SH-Ferien 10-19 Uhr. Erw. € 6,90, Kinder (ab 2 J.) € 8,90, Fam. € 27,90.

ANFAHRT: *Mit dem Auto B 5 zwischen Marne und Meldorf, in Krumwehl bzw. Trennewurth Ri. Friedrichskoog, ausgeschildert. Per Bahn bis St. Michaelisdonn, dann Bus 2509 (Marne), Bus 2510 (Friedrichskoog-Hafen).*

Im Bauch von Willi, dem Wal, verbirgt sich ein Indoor-Spielcenter

Arche Wattenmeer

Wie entsteht eine Sturmflut, warum ist der Deich für Sylt so wichtig und wie fühlt sich eigentlich ein Seestern an? In der **ARCHE WATTENMEER** – in der ehemaligen katholischen Kirche St. Josef in Hörnum – kann die ganze Familie diesen Phänomenen der Insel auf den Grund gehen und spielerisch erfahren, was die Nordsee alles zu bieten hat. Hier lernt man nicht nur Kegelrobben, Schweinswale, Regenpfeifer und Austernfischer kennen, sondern kommt dem Naturraum Wattenmeer ganz nahe. Mit den Experten vor Ort können hier außerdem die Funde vom Strand inspiziert und bestimmt werden – spannend, was sich alles in der Natur finden lässt! Besonders beliebt bei den jungen Besuchern ist der hölzerne Nachbau einer Arche, die zum Spielen und Erleben einlädt. Anfassen und ausprobieren ist hier ausdrücklich erwünscht! Wer eine kleine Pause von so viel Entdeckergeist braucht, kann sich im „Café Leuchturm" ausruhen, bevor es wieder raus an die frische Sylter Seeluft geht!

Hier erfährt man alles über die Nordsee

ARCHE WATTENMEER: *Rantumer Str. 33, 25997 Hörnum, Tel. 04651-886 22 29, hoernum@schutzstation-wattenmeer.de, www.arche-wattenmeer.de. April-Nov Di-So 10-18 Uhr. Mit Kurkarte/ohne Erw. € 5/6, Kinder € 3, Fam. € 13.*

ANFAHRT: *Mit dem Auto A 7 bis Tøndervej, E 45 bis Ausfahrt 75-Bov, Route 401 bis Rømø, Fähre. Per Bahn bis Westerland, dann Bus 2 Ri. Hörnum (Steintal).*

Rasanter Fahrspaß

Fans heißer Reifen kommen am **NORDSEERING BÜSUM** auf ihre Kosten. Die Outdoor-Kartbahn hat auch eine 200 Meter lange Strecke und Karts extra für Mini-Rennfahrer ab 6 Jahren, zudem Doppelkarts, in denen Eltern jüngere Kinder mitnehmen können.
Segeltörn 1, 25761 Büsum, Tel. 04834-955 50, bahnbuchung@icloud.com, www.kartbahnbuesum.de. Juli-Anf. Sep tgl. 11-22, Ende März-Juni, Anf. Sep-Nov Mo-Fr ab 12 oder 16 Uhr, Sa/So 11-22 Uhr. 1 Fahrt 10 Min. pro Kart € 13, Doppelkart € 18, Kinderkart € 10.

Naturzentrum Katinger Watt

Wo einst Wattwurm und Strandkrabbe wohnten, ist seit dem Bau des Eidersperrwerks (siehe Kasten) ein Refugium für Graugans, Kiebitz, Feldlerche & Co entstanden. Das Areal rund um die ehemalige Eidermündung bildet heute auf rund 1.200 Hektar ein malerisches Naturschutzgebiet mit Feuchtwiesen, Teichen, Laubwald, Schilf- und Ackerflächen. An den alten Deich am Nordrand dieser Naturidylle schmiegt sich das Lina-Hähnle-Haus mit dem **NABU-NATURZENTRUM KATINGER WATT**. Am Eingang können sich Nachwuchswissenschaftler Forschungskoffer und -buch schnappen und mit Umweltforscher Willi auf Erkundungstour gehen. Zuerst marschieren alle in die kleine Ausstellung: Die Geschichte der Eider, die Entstehung des Katinger Watts und natürlich seine Tier- und Pflanzenwelt werden anhand von Dioramen, Fotos und Präparaten veranschaulicht. Zwei Aquarien stellen die Lebewesen aus Meer und Süßwasser gegenüber. Willis Freunde wissen spätestens

„Blind" den Fühlpfad entlangtasten

Sturmfluten-Bollwerk

Wer aus dem Süden zum Katinger Watt fährt, passiert zwangsläufig das **EIDERSPERRWERK**. Mitten durch den Koloss führt ein Autotunnel, der Dithmarschen mit Eiderstedt verbindet. Der größte Bau des deutschen Küstenschutzes verkürzt seit 1973 die Deichlinie an der Eidermündung von 60 auf 5 Kilometer. Oben kann man einmal über das Technikwunder spazieren und die gigantischen Sieltore inspizieren. Und die Autobrücke auf der Eiderstedter Seite beobachten, die für kleine Kutter oder Ausflugsschiffe einfach nach oben geklappt wird.

jetzt, wie eine Sandklaffmuschel oder ein Gründling aussieht. Im üppigen Garten mit Beeten, Teichen, Duft- und Heilpflanzen finden sich überall Spiele, etwa eine Badewanne zum Angeln, und der Fühlpfad, an dem es heißt: „Augen zu und durch!“

Naturspiele und Wattdetektive
Darüber hinaus werden zahlreiche Veranstaltungen angeboten, natur- und vogelkundliche Exkursionen durch das Katinger Watt oder die Kindernachmittage, wo Zwerge u. a. erfahren, wie aus einer Kaulquappe ein Frosch wird. Ein echtes Highlight sind die Wattführungen für Kinder ab sechs, Jüngere dürfen in Begleitung der Eltern teilnehmen. Zwei Stunden wandern die Wattdetektive rund um die Vollerwieker Sandbank, sinken in den Schlick ein, durchwaten Priele und halten nach „Wattsalat“ und „Meeresspargel“ Ausschau. Zwischendurch werden Spiele gespielt, die geduldigen Führer, meist Absolventen eines freiwilligen ökologischen Jahrs, zeigen Fresslöcher und Hinterlassenschaften der Wattwürmer und beantworten geduldig alle Fragen.

Im Watt gibt es so viel zu entdecken

NABU NATURZENTRUM KATINGER WATT: *Katingsiel 14, 25832 Tönning, Tel. 04862-80 04, Katinger.Watt@NABU-SH.de, www.schleswig-holstein.nabu.de. März-Nov tgl. 10-18 Uhr. Spendenempfehlung Eintritt: Erw. € 1,50, Kinder € 1, Fam. € 4, Kinderwattführung: Erw. € 3, Kinder € 2.*
ANFAHRT: *Nördlich des Eidersperrwerks, an der L 305 zwischen St. Peter-Ording und Wesselburen, ausgeschildert. Per Bahn bis Kating.*

Eiergrog und Klönschnack

Unweit des Naturzentrums lädt die **SCHANKWIRTSCHAFT ANDRESEN** zu riesigen Kuchenstücken von Apfel bis Quitte sowie Krabbenbroten mit Spiegelei ein. Ein Muss ist der Eiergrog nach altem Geheimrezept – bitte nicht umrühren! Draußen sitzt man im Schatten alter Linden, drinnen im Reetdachhaus von 1668 auf plüschigen Sofas, die Wände zieren kostbare Delfter Kacheln. *Katingsiel 3/4, 25832 Tönning, Tel. 04862-370, moin@schankwirtschaft-andresen.de, www.schankwirt-andresen.de. Mai-Okt tgl. 12-22, Nov-April 14-22 Uhr.*

Nationalpark-Zentrum Multimar Wattforum

Im **MULTIMAR WATTFORUM** dreht sich alles um den Nationalpark Wattenmeer. In 36 Aquarien werden mehr als 280 Arten Fische, Krebse, Muscheln und Schnecken gezeigt. Im Wortsinn größte Attraktion ist das Großbecken mit einem sechs mal sechs Meter großen Panoramafenster. Nagelrochen, Störe, Dorsche, Wolfsbarsche leben hier und werden regelmäßig von einem Taucher versorgt. Man darf dabei zugucken und den Mann im Gummianzug mit Fragen löchern, die er per Mikro beantwortet (April-Okt Mo, Fr 14 Uhr, Nov-März nur Mo). Danach auf zu den Aktionsstationen: Steck-, Klapp- und Tastspiele, Unterwasserkameras, Kurzfilme, Mikroskope … Vorbei am Turmaquarium mit Hummern und Seewölfen geht's zum Restaurant mit einem herrlichen Rundblick über das Deichvorland der Eider.

Richtig wat(t) erleben

Eine **WATTWANDERUNG** ist ein einzigartiges Erlebnis und das Angebot riesig. Neben Nationalpark-Rangern und -Führern, NABU (siehe S. 90), Schutzstation Wattenmeer oder dem Verein Jordsand bieten auch regionale Vereine und private Führer Wattwanderungen und Exkursionen an, viele davon sind extra auf kleine Forscher zugeschnitten. Über Angebote und Termine informieren die Tourist-Infos am Urlaubsort bzw. der Veranstaltungskalender. Auf www.nordsee-naturerlebnis.de können Sie gezielt nach Veranstaltungen suchen und unter www.nationalpark-wattenmeer.de gibt's alle Informationen zum Lebensraum Wattenmeer.

NATIONALPARK-ZENTRUM MULTIMAR WATTFORUM: *Dithmarscher Str. 6a, 25832 Tönning, info@multimar-wattforum.de, www.multimar-wattforum.de, Tel. 04861-962 00. April-Okt 9-18, Nov-März 10-17 Uhr. Erw. € 9, Kinder (4-15 J.) € 6, Fam. € 25.*
ANFAHRT: *B 5 bis Tönning, Beschilderung folgen. Per Bahn bis Tönning, 10-15 Min. Fußweg.*

Kleine Forscher an den Mikroskopen

Freizeitpark Tolk-Schau

Berg- & Talbahn in der Tolk-Schau

Gemächlich ruckelt die Lokomotive durch die idyllische Landschaft – die Parkbahn des **FAMILIEN-FREIZEITPARKS TOLK-SCHAU** bringt Groß und Klein zu all den Attraktionen, die es hier in der Nähe von Kappeln zu erleben gibt. Und aussteigen lohnt sich! Wildwasserbahn, Autoscooter, Fliegerkarussell und Sommerrodelbahn sind perfekt für Abenteurer jeden Alters. Wo 1963 alles mit einem kleinen Märchenwald begann, reiht sich heute eine liebevoll gestaltete Attraktion an die nächste.

Doch auch das Erleben der Natur kommt in der malerischen Region Angeln nicht zu kurz: Der Hirschpark ist perfekt zum Spazierengehen und um den grazilen Tieren beim Spielen, Rasten und Äsen zuzuschauen. Highlight für kleine Wissenschaftler: das Tal der Dinosaurier. Hier können die detailgetreuen Rekonstruktionen von rund 100 Urwelttieren in Originalgröße bestaunt werden. Bei so viel Action stellt sich zwischendurch sicher der Hunger ein. Tipp: Auf dem Parkgelände verteilt stehen über 50 Grillhütten, die für kleines Geld gemietet werden können.

FREIZEITPARK TOLK-SCHAU: *Tolk-Schau 1, 24894 Tolk, Tel. 04622-922, info@tolk-schau.de, www.tolk-schau.de. April-Okt. tgl. 10-18, Einlass bis 16 Uhr. Pro Pers. € 21,50, Kinder (unter 90 cm) frei.*

ANFAHRT: *A 7 Abfahrt Schuby, B 201 Ri. Kappeln. Direktverbindung mit den Buslinien Flensburg–Schleswig u. Kappeln–Schleswig.*

Idylle hinterm Deich

In Heringsand, etwa 20 Kilometer von Tönning, finden Sie ein idyllisches Plätzchen hinterm Deich. Auf einer Warft erhebt sich das reetgedeckte **HAUS AM WATT**, in dem man leckere hausgebackene Torten, Pfannkuchen und herzhaft belegte Brote gegen den kleinen Hunger bekommt. Die Kids vergnügen sich danach im Garten mit zahlreichen Spielgefährten wie Hühnern, Katzen und Pferden. *Heringsander Str. 4, 25764 Heringsand, Tel. 04833-42 42 74, info@hausamwatt.de, www.hausamwatt.de. Tgl. 12-18, Nov-Ostern Sa/So 14-18 Uhr.*

Westküsten-park & Robbarium

Aspisvipern, Poitou-Esel, Spornschildkröten, Turmfalken und, und, und – über 800 Tiere haben im **WESTKÜSTENPARK & ROBBARIUM** ein Zuhause. Größter Hit sind die Seehunde im Robbarium. Deshalb sollte man gegen 10.30 Uhr kommen, denn eine halbe Stunde später beginnt deren Fütterung. Und welches Kind möchte nicht einen Platz im „Aussichtskutter" am Beckenrand ergattern? Abgesehen von Spielattraktionen und Streichelgehegen ist auch das große Freigelände mit Nandus, Maras und Alpakas ein Erlebnis für Kinder. Zwischendurch versorgt das Parkrestaurant „Naske Pük" hungrige Tierfreunde. Besonders die Minis freuen sich, dass die Terrasse an die Terrarien grenzt und sie Schildkröten begucken können. Bis Sie die 14,5 Hektar große Anlage mit Wiesen, Seen und Vogelinseln erkundet haben, ist es vielleicht schon 16 Uhr und Sie können sich die Seehundfütterung ein zweites Mal anschauen.

Schraubenziegen im Westküstenpark

Puppentheater nach Wunsch

In ihrem Garten am Gardinger Jungfernstieg bezaubert Marianne Vocke Groß und Klein mit ihren **STABPUPPEN.** Gegeben werden Märchen (45 Min.) und Opern (90 Min.). Termine im Veranstaltungskalender der Tourist-Info Garding und St. Peter-Ording. Bei rechtzeitiger Anfrage werden gern individuelle Wünsche berücksichtigt. *M. Vocke, Mückenberg 6, 25836 Garding, Tel. 04862-171 86, www.puppentheater-vocke.de. Märchen € 5/Pers., Opern Erw. € 10, Kinder € 5, Familienrabatt.*

WESTKÜSTENPARK & ROBBARIUM ST. PETER-ORDING, *Wohldweg 6, 25826 St. Peter-Ording, Tel. 04863-30 44, info@westkuestenpark.de, www.westkuestenpark.de. April-Okt tgl. 9.30-18, Juli/Aug bis 19 Uhr, Nov-März bitte erfragen. Erw. € 11/mit Gästekarte € 10,50, Kinder (3-15 J.) € 7,50/7, Fam. € 31.*

ANFAHRT: *Von Tönning oder Heide Beschilderung folgen. Per Bahn bis Bad St. Peter Süd, 5 Min. Fußweg, dann Bus 1084 bis St. Peter-Ording Westküstenpark.*

Piratenfahrt

Seeräuber-Alarm! Nicht nur während der Piratentage (siehe Kasten S. 75) werden einäugige Schurken in **WYK** gesichtet, nein, im Sommer heißt es zwei- bis dreimal pro Woche: „Mit Käpt'n Störtebeker auf Piratenfahrt!" Wer auf der **MS HAUKE HAIEN** anheuert, wird mit Holzsäbel, Augenklappe, Hut und Piratenhemd ausgestattet. Auf See werden Seemannsknoten geübt, Geschichten vertellt und ein Schatz gehoben. Wer nicht meutert, darf selbst ans Ruder und erhält das Piratenpatent. Für kleine Abenteurer ab 4 Jahren ein riesiges Vergnügen! Auch andere Reedereien bieten Fahrten unter der Piratenflagge an: Der urige Kutter **GRET PALUCCA** startet im Sommer fast täglich mit einer Schiffsladung kleiner Seeräuber vom **LISTER HAFEN** (siehe S. 84), und auch ab **STRUCKLAHNUNGSHÖRN** und **TÖNNING** bieten die Adler-Schiffe Piratenfahrten an. Von **STENODDE** auf **AMRUM** aus startet die **MS EILUN** mit Pirat Gräbiard, ab **PELLWORM** fahren die Schiffe der **NPDG** unter dem Kommando von Käpt'n Einauge.

Ausbeute Seetierfangfahrt

Seetierfang & Seehundbänke

Wer mit Piraten nichts am Hut hat, für den ist eine **SEETIERFANGFAHRT** genau das Richtige. Fast alle Reedereien bieten diese Fahrten an, zum Teil in Begleitung von Nationalpark-Rangern oder NABU-Mitarbeitern.
Dabei werden Seesterne, Muscheln, Strandkrabben und Fische aus der Nordsee geholt und bestimmt.
Auf manchen Schiffen, z. B. denen der Reederei Rahder in Büsum (siehe S. 38), werden die Krabben danach gekocht und verspeist. Viele Schiffe passieren unterwegs die **SEEHUNDBÄNKE**.
Es gibt aber auch Extrafahrten, bei denen man die putzigen Meeressäuger beobachten kann.
Zusätzliche Anbieter ab Schlüttsiel: Halligreederei Heinrich von Holdt, Neuer Weg 4, 25842 Ockholm, Tel. 04674-15 35, mail@seeadler-hooge.de, www.seeadler-hooge.de. Seetierfang oder Seehundbänke einzeln Erw. ca. € 20, Kinder (4-12 J.) ca. € 10, Seetierfang/Seehundbänke kombiniert Erw. ca. € 20, Kinder (4-12 J.) ca. € 10.; „MS Rungholt", Kapitän Uwe Petersen, Westerweg 4, 25899 Galmsbüll, Tel. 04667-367, info@halligmeerfahrten.de, www.halligmeerfahrten.de. Seehundbank mit Seetierfang Erw. ca. € 20, Kinder (12-15 J.) ca. € 10, Kinder (4-11 J.) ca. € 7.

Der Pirat: furchtlos, todesmutig und fröhlich

FÖHR: *Halligreederei „MS Hauke Haien", Kapitän Bernd Diedrichsen, Bredstedter Str. 35, 25813 Husum, Tel. 04841-814 81, info@wattenmeerfahrten.de, www.wattenmeerfahrten.de. Erw. € 15, Kinder (4-10 J.) € 19.*

SYLT: *Adler-Schiffe GmbH & Co. KG, Boysenstr. 13, 25980 Westerland, Tel. 04651-957 08 88, info-sylt@adler-schiffe.de. Erw. ca. € 19, Kinder € 14.*
NORDSTRAND, TÖNNING: *Hörnstr. 3, 25845 Nordstrand, Tel. 04842-900 00, info-nordstrand@adler-schiffe.de, www.adler-schiffe.de. Erw. ca. € 18, Kinder € 13.*
AMRUM: *„MS Eilun", Kapitän Bandix Tadsen, 25946 Nebel, Waasterstigh 18 a, Tel. 04682-23 33, info@eilun.de, www.eilun.de. Erw. € 17, Kinder € 8,50.*
PELLWORM: *Neue Pellwormer Dampfschiffahrts-GmbH, Am Tiefwasseranleger 1, 25849 Pellworm, Tel. 04844-753, info@faehre-pellworm.de, www.faehre-pellworm.de. Erw. € 12, Kinder € 6.*

Hallig Hooge

Mehrmals im Jahr heißt es hier „Land unter" und nur noch die Häuser auf ihren Warften ragen einsam aus dem Meer. Hooge, die „Königin der Halligen" ist mit fast sechs Quadratmetern die zweitgrößte im Bunde, etwa 90.000 Tagesbesucher lassen sich pro Jahr von ihrer Schönheit beeindrucken. Auf neun Warften leben rund 100 Einwohner, inklusive Pastor und Lehrer. Je nachdem, wo Sie starten und wie lange Sie bleiben möchten, können Sie unter verschiedenen Anbietern wählen. Fast täglich steuern etwa die Adler-Schiffe *[Adresse siehe oben. Erw. ca. € 23,50, Kinder (6-14 J.) ca. € 15]*, die Halligreederei Heinrich von Holdt sowie die MS „Rungholt" *[Adressen siehe S. 95]* oder die W.D.R. *[Adresse siehe S. 75, Erw. ca. € 16, Kinder (ab 4 J.) ca. € 8]* die Hallig an. Zu Fuß sind es knappe 2 Kilometer durch die satten, von Prielen durchzogenen Wiesen zur zentralen **HANSWARFT**. Wer mit Kindern unterwegs ist, stattet zuerst dem **STURMFLUTKINO** einen Besuch ab. Alle 20 Minuten zeigt ein 15-minütiger Film ein halligtypisches „Land unter". Danach geht's weiter zum **KÖNIGSPESEL**. Im originalgetreu eingerichteten Kapitänshaus von Tade Hans Bandixen aus dem Jahr 1677 übernachtete einst König

Friedrich VI. von Dänemark. Falls der Nachwuchs nicht streikt, schauen sich die Halligerkunder noch das **HEIMAT- UND HALLIGMUSEUM** an. 300 Jahren Geschichte in Form zahlreicher Objekte aus den Bereichen Wohnkultur, Alltag, Seefahrt und Walfang sind hier nachzuspüren. Im **ERLEBNISZENTRUM MENSCH & WATT** mit Gezeitenaquarium und Wattwerkstatt kommen die Kids auf ihre Kosten. Nebenbei werden alle Fragen rund um Natur und Geschichte der Halligen beantwortet. Auf dem Rückweg lohnt ein Abstecher zur **KIRCHWARFT** mit der Johanniskirche (1637), die aussieht wie ein „normales" Reetdachhaus. Falls am Ende noch Zeit ist, empfehlen sich auf der **BACKENSWARFT** nahe dem Anleger der **FRIESENPESEL** mit nordfriesischen Spezialitäten oder das Hallig-Café **ZUM BLAUEN PESEL**.

TOURISTIKBÜRO HALLIG HOOGE: *Hanswarft 1, 25859 Hallig Hooge, Tel. 04849-91 00, info@hooge.de, www.hooge.de.*

STURMFLUTKINO: *Hanswarft, Tel. 04849-271, www.sturmflutkino.de. Tgl. 10-17 Uhr, außerhalb der Saison n. V. Erw. € 2,50, Kinder (4-16 J.) € 1,50.*
KÖNIGSPESEL: *Hanswarft, Tel. 04849-219, www.museen-sh.de/museum/DE-MUS-152918. März-Okt tgl. 10-17 Uhr u. n. V., Erw. € 2, Kinder € 1.*
HEIMAT- UND HALLIGMUSEUM: *Tel. 04849-238, www.hooge.de. März-Okt tgl. 10-18 Uhr u. n. V. Erw. € 2, Kinder € 1.*
ERLEBNISZENTRUM MENSCH & WATT: *Schutzstation Wattenmeer, Hanswarft 2, Tel. 04849-229, hooge@schutzstation-wattenmeer.de, www.schutzstation-wattenmeer.de. Tgl. 11-16 Uhr. Eintritt frei, Spenden erbeten*
FRIESENPESEL: *Backenswarft 6, Tel. 04849-250, friesenpesel@t-online.de, www.friesenpesel.de.*
ZUM BLAUEN PESEL: *Backenswarft 2, Tel. 04849-231, info@blauerpesel.de, www.blauerpesel.de.*

Die Hanswarft ist das (touristische) Zentrum der Hallig Hooge

Aus Ferienkindern werden im InselCircus Mignon Artisten

InselCircus Mignon

Auf einer Wiese in der Nähe des Sylter Denghoogs (siehe S. 84) schlägt von Ende Juni bis August der **INSELCIRCUS MIGNON** seine Zelte auf. Neben den Zirkusshows mit Ensembles aus aller Welt steht auch der internationale Wettbewerb des **SOLYCIRCO** mit atemberaubenden Darbietungen auf dem Programm. Ein Renner ist stets der **MITMACH-CIRCUS** für Nachwuchsartisten (6-14 J.), die sich eine Woche lang in zwölf Disziplinen von Akrobatik bis Clownerie üben. Zum Abschluss zeigen sie ihr Können in der großen Gala-Show im Zirkuszelt. Drei- bis Fünfjährige sind montags bis freitags im **FLOHCIRCUS** als Mini-Artisten bestens aufgehoben und dürfen zum Schluss natürlich ebenfalls auftreten. Stunden- bis tageweise Betreuung (ab 3 J.) ist im Rahmen des **SALTO-MORTALE** möglich, auch mit Übernachtung im Zirkuswagen (ab 6 J.). **CIRCORANTE**, das verrückte Zirkusrestaurant, sorgt für ein unkompliziertes und spaßiges Essvergnügen bei Pizza, Pasta & Co. Nach den MitmachCircus-Galas gibt es hier übrigens ein köstliches Buffet – unbedingt reservieren!

INSELCIRCUS MIGNON, *Juni-Aug: Kampener Weg, 25996 Wenningstedt, Tel. 04651-29 94 99, sonst: Projektgesellschaft Mignon e.V., Osdorfer Landstr. 380, 22589 Hamburg, Tel. 040-32 08 28 02 (Mo-Fr 9-16 Uhr), direktion@circus-mignon.de, www.circus-mignon.de. MitmachCircus € 110, FlohCircus € 110, SaltoMortale ab € 16.*

ANFAHRT: *L 24 Ri. Kampen, am Ortsausgang von Wenningstedt. Mit dem Zug bis Westerland, dann Bus 1 bis Wenningstedt Post.*

Erlebniszentrum Naturgewalten Sylt

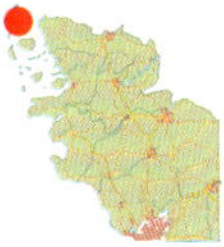

Wie verändert sich das Wetter in den nächsten Jahren? Wie leben Menschen und Tiere mit den Naturgewalten? Diese und andere Fragen werden im Erlebniszentrum Naturgewalten beantwortet. Es finden sich Spielstationen wie das Salzwiesenpuzzle oder die Miniwasserbahn für Entenwettrennen. Und anhand von Filmen und kindgerechten Hörspielen werden wissenschaftliche Phänomene verständlich. Im Themenbereich „Klima, Wetter, Klimaforschung" können Sie eine Reise ins All unternehmen und das Klima aus der Astronautenperspektive beobachten. In der „Polarstation" lässt sich prüfen, wie Klimaforschung betrieben wird. Das „Leben mit Naturgewalten" beeindruckt mit einem überdimensionalen Tunnel, in dem Sie die Welt aus der Sicht der Wattbewohner erleben. Ein Spaß ist der Wellenkanal, in dem kind selbst Wellen und Wind erzeugen darf. Und dann lockt der riesige Spielplatz: Wackelbrücke, Wohnwagen eines Vogelwarts, Fühlstationen und Wattbecken wollen erforscht werden. Im Bistro kann man sich nach all den Erlebnissen gut stärken.

Tasten, hören, ausprobieren

ERLEBNISZENTRUM NATURGEWALTEN SYLT: *Hafenstr. 37, 25992 List, Tel. 04651-83 61 90, Bistro Tel. 04651-20 15 57, info@naturgewalten-sylt.de, www.naturgewalten-sylt.de. Jan-Juni, Sep-Dez tgl. 10-18, Juli/Aug 10-20 Uhr. Erw. € 14/mit Kurkarte € 13, Schüler (ab 16 J.) € 12/11, Kinder (4-15 J.) € 8,50, Fam. € 37/35.*

ANFAHRT: *Am Lister Hafen. Per Bahn bis Westerland, dann Bus 1 bis List Fähre.*

Sylter Royal

Ein Glück für Gourmets: Seit 1986 wird im Wattenmeer bei List die Pazifische Felsenauster kultiviert. Das Erlebniszentrum bietet Wattführungen zu den Austernbänken an und bei Dittmeyer's Austern-Compagnie, zu dem das **BISTRO AUSTERNMEYER** gehört, können Sie die Delikatesse kaufen und kosten. *Hafenstr. 10-12, 25992 List, Tel. 04651-87 08 60, Bistro: Tel. 04651-87 75 25. www.sylter-royal.de. Sommer: 12-22, Winter bis 20.30 Uhr.*

Sylt Aquarium

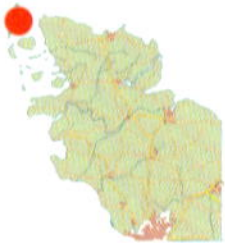

Nur wenige Gehminuten vom Westerländer Strand entfernt kann die ganze Familie in eine faszinierende Unterwasserwelt eintauchen. Mit viel Liebe zum Detail wurde hier eine Landschaft mit rund 1.000.000 Liter Wasser geschaffen, in der mehr als 1.000 Meeresbewohner ein Zuhause gefunden haben. Von der Nordseekrabbe bis zum Tropenfisch tummeln sich in 25 Schaubecken allerlei spannende große und kleine Wasserlebewesen, die es zu entdecken gilt. Hier treffen sich Riesenkraken und Seewölfe mit Meeraalen und Katzenhaien – auch die exotischen Verwandten, Putzerfisch, Leoparden-Stechrochen und Zebrahaie, machen es sich zwischen Korallen und Anemonen gemütlich. Beim Gang durch den Glastunnel kann man ihnen ganz nahe kommen und jede einzelne Bewegung genau beobachten. Alles, was es zu diesen spannenden Tieren zu wissen gibt, wird auf kindgerecht gestalteten Infotafeln erklärt, im angrenzenden Kino laufen zudem wechselnde Filme über die Ozeane der Erde. Besonders spannend sind die Fütterungen der Meeresbewohner – jeden Tag um 15 Uhr können die Besucher live dabei sein.

Und auch nach dem Aquarium-Besuch ist der Spaß noch lange nicht vorbei: Im Außenbereich wird es actionreich und die Kids können sich auf zahlreichen Hüpfburgen und Trampolinen austoben. Der Abenteuerspielplatz regt die Fantasie an und auf dem dazugehörigen Minigolfplatz kann die ganze Familie gemeinsam ihre Geschicklichkeit unter Beweis stellen. Nach so vielen Eindrücken und Abenteuern ist großer Hunger garantiert – im maritim gestalteten Restaurant des Sylt Aquariums können Sie sich zum Abschluss mit regionalen und mediterranen Leckereien stärken.

Für kleine Entdecker und Tiefsee-Fans: das Sylt Aquarium

SYLT AQUARIUM: *Gaadt 33, 25980 Westerland, Tel. 04651-836 25 22, info@syltaquarium.de, www.syltaquarium.de. Tgl. 10-18. Ab 16 J. € 13,50, Kinder (4-15 J.) € 10, Fam. (2 Erw., 2 Kinder) € 35,50, Fam. (2 Erw., 3 Kinder) € 42,50. Restaurant tgl. 10-22 Uhr.*

ANFAHRT: *Siehe Tour 10, S. 81.*

5

GUT ZU WISSEN

Fakten von A bis Z

Ankunft/Anreise

Fast alle Autofahrer führt die Reise über Hamburg, um kurz hinter der Hansestadt entweder die A 23 Richtung Husum/Heide oder weiter nach Norden die A 7 einzuschlagen. Über Lübeck und Neumünster (A 1 und A 21) reist, wer aus dem Nordosten kommt. Eine bequeme Variante für Urlauber aus dem Süden ist die Anreise per Autozug, der von München, Lörrach und Villach bis Hamburg fährt (Buchung und Infos: www.dbautozug.de). Autofähren gibt es nach Amrum, Föhr, Pellworm und Sylt, Letzteres ist zudem mit dem Autozug von Niebüll über den Hindenburgdamm erreichbar (Buchung und Info: www.syltshuttle.de).

Wer die Inseln und Halligen besuchen möchte, lässt den Wagen am besten auf dem Festland stehen. Nordstrand und die Hamburger Hallig (siehe S. 58) kann man zwar mit dem Pkw befahren, sie bilden jedoch eine Ausnahme. Auf den anderen Halligen sowie auf Helgoland sind Autos nicht erlaubt bzw. nicht gern gesehen (so auch auf Amrum). An allen Fährhäfen stehen ausreichend Parkplätze zur Verfügung. Wer per Bahn oder Flugzeug anreist, findet in den größeren Orten sowie z. B. am Flughafen Sylt Autovermietungen vor.

Die Deutsche Bahn bietet Direktverbindungen mit dem IC aus dem Ruhrgebiet, dem Raum Dresden/Berlin und Frankfurt a. M./Hannover über Hamburg, Heide und Husum nach Westerland/Sylt. Mit den Nahverkehrszügen der Regionalbahn Schleswig-Holstein, der Nordbahn und der Norddeutschen Eisenbahngesellschaft (neg) gelangt man in die meisten größeren Ferienorte wie Büsum, St. Peter-Ording oder nach Dagebüll, wo die Fähren nach Föhr und Amrum ablegen.

Weitere Fährverbindungen gibt es von Strucklahnungshörn auf Nordstrand nach Pellworm, Sylt sowie zur Hallig Nordstrandischmoor. Von Schlüttsiel fahren die Schiffe zu den Halligen Langeneß, Oland, Gröde, Hooge und nach Amrum. Helgoland wird ab Cuxhaven, Büsum, Hamburg, Wedel und Wilhelmshaven angesteuert.

Auch mit dem Flugzeug kommen Sie an die Nordseeküste:

Über den Hindenburgdamm per Autozug nach Sylt

Ferienpass Dithmarschen

Wer in der Region Dithmarschen Urlaub macht, sollte sich den Ferienpass des Kreisjugendrings besorgen: Der Ausweis bietet vergünstigten oder gar freien Eintritt bei rund 70 Anbietern innerhalb und außerhalb des Kreises, z. B. im Westküstenpark St. Peter-Ording, in Freibädern, Museen, zu Golfplätzen, bei Wattführungen etc. Der Ferienpass ist zu Beginn der Sommerferien gegen eine Gebühr von € 1,50 bei den Tourist-Infos erhältlich oder beim **KREISJUGENDRING** *Waldschlößchenstr. 39, 25746 Heide, Tel. 0481-887 46, www.kjr-dithmarschen.de.*

Der Flughafen Sylt bei Westerland wird u. a. von Berlin, Düsseldorf, Frankfurt am Main, Hamburg und München angeflogen (Infos unter www.flughafen-sylt.de).

Auskunft

Gäste- und Tourist-Infos, Kurverwaltungen und Fremdenverkehrsvereine bieten Hilfe bei der Unterkunftssuche sowie Prospektmaterial und Gastgeberverzeichnisse. Allgemeine Informationen bekommt man an diesen Auskunftsstellen:

TOURISMUS-AGENTUR SCHLESWIG-HOLSTEIN GMBH, *Wall 55, 24103 Kiel, Tel. 04316-005 83, info@sh-tourismus.de, www.sh-tourismus.de.*

NORDSEE-TOURISMUS-SERVICE GMBH, *Zingel 5, 25813 Husum, Tel. 04841-897 50, info@nordseetourismus.de, www.nordseetourismus.de.*

DITHMARSCHEN TOURISMUS E. V., *Markt 10, 25746 Heide, Tel. 0481-212 25 55, info@dithmarschen-tourismus.de, www.dithmarschen-tourismus.de.*

NORDFRIESLAND TOURISMUS GMBH, *Am Badedeich 1, 25899 Dagebüll, Tel, 04667-98 10 36, info@nf-tourismus.de, www.nf-tourismus.de.*

Öffentlicher Nahverkehr

Dank des gut ausgebauten Nahverkehrsnetzes lassen sich alle größeren Orte mit Bussen und Bahnen erreichen (Fahrpläne unter Tel. 0431-66 01 94 49 oder im Internet unter www.nah.sh). Gästekartenbesitzer bekommen Ermäßigungen beim Busverkehr. Mit dem **SCHLESWIG-HOLSTEIN-TICKET** fahren Einzelreisende einen Tag lang in allen Nahverkehrszügen in der 2. Klasse für € 28 in Schleswig-Holstein, Mecklenburg-Vorpommern und Hamburg. Bis zu vier weitere Personen können für je € 3 mitfahren, eigene Kinder bis 14 Jahre sogar kostenfrei. Generell sind bei den Nahverkehrsbetrieben Schleswig-Holsteins maximal 3 Kinder bis 5 Jahre in Begleitung Erwachsener frei, 6- bis 14-Jährige zahlen den ermäßigten Tarif.

Babysitter/Kinderbetreuung

Dass auch die Großen im Urlaub eine Auszeit vom Nachwuchs brauchen – oder umgekehrt –, haben viele Gastgeber erkannt und vermitteln Babysitter oder veranstalten selbst Kinderprogramme.
Doch gerade auf den Ferienbauernhöfen haben (ältere) Kinder meist so viel zu tun, dass sie sich höchstens bei den Mahlzeiten sehen lassen (siehe auch Unterkünfte, S. 108). Zudem bieten viele Ferienorte regelmäßige Kinderbetreuung an, Informationen erhalten Sie über die örtliche Tourist-Info. Gern hilft man Ihnen dort auch bei der Suche nach einem individuellen Babysitter weiter.

Camping

Entlang der Nordseeküste und z. T. auch auf den Inseln finden sich fast 50 Campingplätze (inkl. Wohnmobilstellplätzen). Die meisten davon liegen in Strandnähe – allein acht Plätze hat St. Peter-Ording vorzuweisen. Für Familien oft eine günstige Alternative zu Hotel, Ferienhaus oder -wohnung, sofern die Ausrüstung dem rauen Nordseeklima gewachsen ist. Viele Plätze bieten auch Mietwohnwagen und/oder Ferienapartments an.
Eine Übersicht bietet der Flyer „nordsee* Camping" des Nordsee-Tourismus-Service (siehe S. 103, auch als Download) und die Internetseite des Verbands der Campingunternehmer Schleswig-Holstein e.V. (VCSH), www.vcsh.de. Letzterer gibt ausführliche Informationen sowie detaillierte Prospekte zu den Campingplätzen *[VCSH, Kiefernweg 14, 23829 Wittenborn, Tel. 04554-705 65 33, info@vcsh.de]*.

Kinder-Uni

In den Ferien auch noch büffeln? Na klar! Von Juni bis September werden kleine Föhr-Urlauber (5-14 J.), die z. B. wissen möchten, wie der Sand an den Strand kommt, zu Studenten, der Kurgartensaal zum Hörsaal und die ganze Insel zum Schauplatz spannender Exkursionen (insgesamt fast 120). Tickets müssen allerdings rechtzeitig gekauft werden, da die Plätze für die spannenden Wissensabenteuer heiß begehrt sind!
Im Programmheft der Saison finden Eltern alle Veranstaltungen passend zum Alter der Sprösslinge aufgelistet.
Föhr Tourismus GmbH, Feldstr. 36, 25938 Wyk auf Föhr, Tel. 04681-300, urlaub@foehr.de, www.kinderuni-foehr.de. Vorlesungen € 5, Termine und Kosten für Exkursionen im Veranstaltungskalender.

Fahrrad

Wer die Küste radelnd entdecken möchte, kann das Fahrrad getrost zu Hause lassen. In allen größeren Ferienorten gibt es Verleihstationen, meist mit Liefer- und Abholservice, bei denen Kindersitze, -fahrräder sowie Anhänger erhältlich sind. Manche Ferienhausvermieter verleihen auch kostenlos Räder oder sind bei der Organisation behilflich. Ein Standardrad kostet ca. um € 5/Tag, Kinderfahrräder ca. um € 3,50. Sehr praktisch:

In fast allen Zügen, Bussen und Schiffen an der Küste dürfen Fahrräder mitgenommen werden.

Fahrradverleihe gibt es in allen Urlaubsorten

Gepäckservice
Wenn sich Papa im Zug oder am Flughafen nicht mit allen Koffern abmühen möchte, empfiehlt sich der Gepäckservice z. B. von DHL. Bei Abgabe in einer Postfiliale zahlt man deutschlandweit pro Stück (max. 31,5 kg) ab € 16,50 (Online-Preis). Die Abholung von zu Hause kostet € 3 mehr pro Koffer, der Aufpreis entfällt ab vier Sendungen (weitere Infos: www.dhl.de). Nach 2 bzw. 3-4 (Inseln und Halligen) Werktagen ab Abholtag wird Ihr Gepäck an Ihre Ferienadresse zugestellt. Die Deutsche Bahn bietet in Zusammenarbeit mit Hermes den gleichen Service, den Sie beim Kauf einer Fahrkarte mitordern können *[www.bahn.de, www.hermes.de. Pro Stück bis 25 kg € 13,80, Inselzuschlag je € 7, Abholung € 3 extra]*. Wer nach Föhr und Amrum reist und sein Auto auf dem Inselparkplatz in Dagebüll stehen lässt, wird ab 6 Uhr morgens mit kostenlosen Busshuttles auf die etwa 500 Meter entfernte Mole gebracht. Amrum-Urlaubern hilft der Amrumer Reisegepäck-Service: Er übernimmt den Gepäcktransport von Haus zu Haus (€ 16/Stück bis 31,5 kg) wie auch die Abholung von der Wittdüner Mole und Zustellung an die Urlaubsadresse (Wittdün und Nebel € 10, Norddorf € 15) bzw. umgekehrt *[Mittelstr. 9, 25946 Wittdün, Tel. 04682-22 11, Amrumer-Reisegepaeck-Service@online.de, www.amrum-service.de]*.

Kinderprogramme
Die „Gäste von morgen“ erwartet ein vielversprechendes Programm. Ob Mini-Maxi-Club in Büsum, Kinderspielhaus in St. Peter-Ording, Kinnerstuv auf Pellworm oder die Kinderclubs auf Sylt – überall lässt man sich etwas einfallen, um dem Nachwuchs unvergessliche Ferien zu bieten. Und dann gibt's noch die Kinderangebote in Naturzentren, Museen & Co. Mama und Papa dürfen derweil abschalten und ein paar erholende Stunden genießen– oder natürlich auch selbst mitmischen. Über alle Veranstaltungen informieren die örtlichen Tourist-Infos.

Klima und Reisezeit
Milde Winter und kühle Sommer sowie geringe Temperaturunterschiede zwischen Tag und Nacht zeichnen das gesunde Seeklima an der Nordsee—küste aus. Allerdings weht stets eine mehr oder minder steife Brise, die auch mal Windstärken von 7 bis 10

erreichen kann. Für Allergiker und Menschen mit Atemwegsbeschwerden verspricht die salz-, jod- und aerosolhaltige Luft mit niedrigem Allergengehalt Linderung, zudem werden der Stoffwechsel und das Herz-Kreislauf-System gestärkt. Am meisten Sonnenschein bieten die Sommermonate Mai bis August, doch auch im Herbst kann man mit einigen schönen Tagen rechnen, zumal sich das Meer dann noch nicht abgekühlt hat.

Kurabgabe/Gästekarte

In den Badeorten an der Küste und auf den Inseln wird von Urlaubern ab 18 Jahren eine Kurabgabe erhoben. In der Hauptsaison sind das ca. € 2-3 pro Person und Tag je nach Gemeinde. Dafür erhalten Sie eine Kur- oder Gästekarte, die z. B. freien Strandzutritt, kostenlose Kinderprogramme, Ermäßigungen in Museen, Schwimmbädern und vieles mehr gewährt. Die meisten Nordsee-Ferienorte erkennen die Gästekarten der Nachbargemeinden an.

Medizinische Versorgung

WESTKÜSTENKLINIKUM HEIDE, *Esmarchstr. 50, 25746 Heide, Tel. 0481-78 50, Kinderklinik Tel. 785 19 63, info@wkk-hei.de, www.wkk-online.de.* Einzige Klinik für Kinder- und Jugendmedizin an der Nordseeküste.

WESTKÜSTENKLINIK BRUNSBÜTTEL, *Delbrückstr. 2, 25541 Brunsbüttel, Tel. 04852-98 00, Pädiatrische Praxis Tel. 04852-91 91, info@wkk-bru.de, www.wkk-online.de.* Mit Kinderarztpraxis.

KLINIK HUSUM, *Erichsenweg 16, Tel. 04841-66 00, husum@klinikum-nf.de, www.klinikum-nf.de.*

KLINIK TÖNNING, *Selckstr. 13, 25832 Tönning, Tel. 04861-61 10, toenning@klinikum-nf.de, www.klinikum-nf.de.*

KLINIK NIEBÜLL, *Gather Landstr. 75, 25899 Niebüll, Tel. 04661-150, niebuell@klinikum-nf.de, www.klinikum-nf.de.*

INSELKLINIK FÖHR-AMRUM, *Rebbelstieg 24, 25938 Wyk, Tel. 04681-480, wyk@klinikum-nf.de, www.klinikum-nf.de.*

Klimatabelle St. Peter-Ording

	Jan	Feb	März	Apr	Mai	Juni	Juli	Aug	Sep	Okt	Nov	Dez
Wassertemperaturen in °C	1	1	3	7	12	16	18	18	15	11	6	3
Lufttemperaturen Tag/Nacht	2 2	3 -2	6 0	10 3	15 7	18 11	19 13	20 13	17 11	13 7	8 3	4 0
Sonnenschein (in Std.) tgl.	1	2	4	6	8	8	7	7	5	3	2	1
Niederschlag (Tage/Monat)	12	8	8	9	8	8	11	12	12	12	14	13

ASKLEPIOS NORDSEEKLINIK WESTERLAND GMBH, *Norderstr. 81, 25980 Westerland, Tel. 04651-840, sylt@asklepios.com, www.asklepios.com.*
PARACELSUS NORDSEEKLINIK HELGOLAND, *Invasorenpfad 1040, 27498 Helgoland, Tel. 04725-80 30, helgoland@pk-mx.de, www.paracelsus-kliniken.de.*
Unter www.kvsh.de finden Sie alle Medizinischen Versorgungszentren in Schleswig-Holstein.

Notrufe
Polizei: 110
Feuerwehr/Rettungsdienst: 112
Sperrung von EC-/Kreditkarten: 11 61 16

Öffnungszeiten
Vor allem die großen Supermarktketten öffnen durchgehend, wochentags oft bis 20 Uhr, Sa bis 18/20 Uhr. Nach der bisherigen Bäderverordnung können Sie mancherorts auch an Sonn- und einigen Feiertagen einkaufen. Kleinere Läden, Postämter und Banken haben in der Regel eine Mittagspause von 12/13 bis 13.30/14 Uhr und schließen gegen 18 Uhr, samstags gegen 12.30 Uhr, Banken sind meist mittwochnachmittags und samstags geschlossen. Nicht in jedem Ort finden Sie eine Postfiliale, oft wird der (eingeschränkte) Service von Kiosken o. Ä. angeboten. Bei dringenden Sendungen sollte man sich auf den Inseln vorab nach den Abgabe- und Zustellungszeiten erkundigen.

Schiffsausflüge
Klar, dass zu einem echten Nordseeurlaub auch ein Ausflug per

Typisch nordisch: unterwegs auf hoher See

Schiff gehört. Das Angebot ist groß, Informationen, Fahrpläne und Tickets erhalten Sie bei den Tourist-Infos, bei den Reedereien bzw. am Anleger und auf den Schiffen selbst.

Tiere
Nicht alle Vermieter sind angetan, wenn Sie Ihren Vierbeiner mitbringen wollen. Erkundigen Sie sich vorab nach einem eventuellen Aufschlag. Am Wattenmeer, im Vorland, auf beweideten Deichen und in geschützten Dünenbereichen müssen Hunde zum Schutz der Schafe, brütenden Vögel und wild lebenden Tiere angeleint sein. Am Strand besteht ebenso Anleinpflicht, fast überall gibt es Hundestrände abseits der zentralen Badezonen. Doch auch hier müssen Hunde oft an der Leine bleiben, Informationen dazu geben die Kurverwaltungen. Der Strandfinder auf der Homepage des Nordsee-Tourismus-Service (siehe S. 103) zeigt alle Hundestrände an.

Unterkünfte

Achten Sie in den Gastgeberverzeichnissen der Tourist-Infos (siehe S. 103) auf das Icon „Kinderplus" (ein lachendes Bärengesicht): Den so ausgezeichneten Vermietern wird vom Tourismusverband Schleswig-Holstein besondere Familientauglichkeit bescheinigt. Im Folgenden acht Unterkünfte, die bestens auf Kinder eingestellt sind. Wenn nicht anders angegeben, beziehen sich die Preise auf 7 Tage in der Hauptsaison für 2 Erw. und 2 Kinder.

BÜSUMER DEICHHAUSEN SCHÄFEREI ROLFS

Fam. Rolfs, Marschenweg 26, 25761 Büsumer Deichhausen, Tel. 04834-65 45, info@schaeferei-rolfs.de, www.schaeferei-rolfs.de. Ferienwohnung € 462-497, Haus € 644, Kinderkurs ca. € 8.

Viel mehr als Trecker fahren und Tiere streicheln können Kinder in der Schäferei Rolfs. In den Kursen der „Jahreszeitenwerkstatt" erleben sie – und ihre Eltern – den Bauernhof hautnah, vom Brotbacken bis zur Gemüseernte. Bei Regen geht's in die Spielscheune. 19 Ferienwohnungen für bis zu 6 Pers. mit Balkon/Terrasse, 3 Ferienhäuser für bis zu 8 Pers. Kleinkindausstattung, kostenloses Reitprogramm, Hofcafé mit köstlichen Torten, Hofladen.

HELGOLAND

Helgoland Touristik, Tel. 04725-81 12 51, bungalow@helgoland.de, www.helgoland.de. Mai-Mitte Okt: Bungalow (2 Pers.) 1. Tag € 135, Folgetag € 90, zusätzl. Pers. (ab 14 J.) € 8, Bettwäsche € 8/Bett. April-Okt: Ferienhaus (2 Pers.) 1. Tag ab € 159, Folgetag € 114, zusätzl. Pers. (ab 14 J.) € 10.

Auf der Badedüne Helgolands (siehe S. 20) stehen in der Nähe des Fähranlegers einfache Holzhütten mit Wohnraum, Küchenzeile mit 2er-Kochplatte und Schlafraum. Töpfe, Geschirr, WCs und Duschen gibt's im Gemeinschaftsgebäude. Wer's komfortabler wünscht, bucht ein Ferienhaus (43-55 m²) am Nordstrand mit Dusche/WC, Fernseher, Küche, Babybetten, Hochstühlen – Kinder unter 14 Jahren sind frei.

Bauernhof- und Reiterferien

Für Kinder ist ein Bauernhofurlaub das Paradies. Neben den genannten finden Sie alle Ferienhöfe der Region in dem kostenlosen Katalog „Urlaub auf dem Bauernhof", erhältlich bei der Tourismus-Agentur Schleswig-Holstein (siehe S. 103) oder bei der u. g. Adresse.
Auf der Homepage www.landsichten.de können Sie gezielt nach den Gastgebern der Wunschregion suchen.
Tipp für Pferdefans: Auf www.komm-zum-reiten.de findet man speziell Höfe, die Reiterferien für Kinder bieten.
Arbeitsgemeinschaft „Urlaub auf dem Bauernhof" e.V., Am Kamp 15-17, 22768 Rendsburg, Tel. 04331-945 35 82, info@landsichten.de.

Beim Urlaub auf dem Bauernhof ist man den Tieren ganz nah

ST. PETER-ORDING

HAUBARG SATTLERHOF PENSION

Hans-Joachim Legewie, Wittendüner Allee 61, 25826 St. Peter-Ording, Tel. 04863-41 17, sattlerhof-st.peter-ording@t-online.de, www.Pension-Sattlerhof.de. Zimmerpreise gestaffelt, 7 Nächte pro Pers. inkl. Frühstücksbuffet: EZ € 259, DZ € 231, Kind im EZ/DZ (bis 3 J.) € 56, (4-9 J.) € 112, (10-14 J.) € 161. Ferienwohnung € 525, Frühstück/Tag: Erw. € 6,50, Kinder (3-9/10-14 J.) €2,50/5,50.

Idyllisch liegt der reetgedeckte Sattlerhof am Rand von St. Peter-Dorf. Dort leben auch Ponys, Katzen, Kaninchen und Hühner. Die elf Zimmer (3 EZ und 8 DZ) sind gemütlich ausgestattet, vier Doppelzimmer eignen sich als Familienzimmer mit angrenzendem Raum für bis zu drei Kinder. Die ehemalige Scheune beherbergt die schnuckeligen Ferienwohnungen Luv und Lee für bis zu 5 Bewohner.

TETENBÜLL

KANTORHOF

Anita Kröger, Kantorsweg 6, 25882 Tetenbüll, Tel. 04862-81 40, post@kantorhof-urlaub.de, www.kantorhof-urlaub.de. Zimmer € 77/Nacht, Camping € 17/Stellplatz.

Der Kantorhof im Herzen Eiderstedts thront auf einer Warft. Vier Wohnungen für 3 bis 6 Personen und ein kleiner Campingplatz stehen zur Wahl. Für die Kleinen gibt's neben Spielzimmer und -garten, Ponyreiten, zahlreichen Tieren von Kühen bis zum Hängebauchschwein auch Kurse rund ums Bauernhofjahr. Die Großen können Wellnessangebote wie Massagen oder Yoga buchen.

FRIEDRICHSTADT

HOFCAFÉ UND HERBERGE MILDTERHOF

Fam. Liegmann, 25840 Friedrichstadt/ Gemeinde Seeth, Tel. 04881-78 16, mildterhof@web.de,

www.hofcafe-mildterhof.de. Pro Nacht inkl. Bettwäsche, Handtüchern, Küchenbenutzung, Endreinigung Erw. € 25, Kinder (bis 6 J.) € 10, (7-14 J.) € 15, (15-18 J.) € 20.
In der ehemaligen Heuherberge sind nach intensiver Umbauphase sieben tolle Räume entstanden, die für 18 bis 20 Personen als Gruppenunterkunft zur Verfügung stehen. Eine große Selbstversorgerküche und ein gemütliches Wohnzimmer machen den Aufenthalt so richtig familiär. Im Hofcafé lassen sich die Großen köstliche Kuchen und Torten schmecken, auf dem Naturspielplatz mit Wasserpumpe und auf dem Barfußpfad wird's dem Nachwuchs garantiert nicht langweilig.

NORDERFRIEDRICHSKOOG
KLEEHOF DER FAMILIE MUNZ
Diekstraat 15, 25870 Norderfriedrichskoog, Tel. 04864-100 93 63, kleehof-munz@web.de, www.kleehof-munz.com. € 385-630/Woche.
18 Kilometer entfernt von Husum und in nächster Nähe zur Badestelle ist der Kleehof mitten im Grünen gelegen. In den sechs liebevoll eingerichteten Ferienwohnungen mit Namen wie „Qualle", „Wattwurm" oder „Seehund" lässt sich der Aufenthalt genießen. Die zahlreichen Tiere wie Schafe, Ziegen, Pferde, Hühner und Hasen freuen sich schon auf Streicheleinheiten. Bei den vielen Angeboten wie Basteln und Ponyreiten sind die Kleinen von morgens bis abends in

Beim Ponyreiten haben die kleinen Feriengäste einen Riesenspaß

Aktion. Für Pferdebegeisterte gibt es im Pony-Club jeden Donnerstag um 15 Uhr viel Spannendes zu lernen, auch besteht die Möglichkeit, erste Reitstunden zu erhalten. In dem großen Garten mit Liegewiese, Spielplatz und Grillmöglichkeit darf man nach Herzenslust spielen, toben oder einfach entspannen. Und sogar die treuen Vierbeiner finden hier ein Ferienparadies und können für € 25 ebenfalls Urlaub machen.

PELLWORM

HOTEL GARNI KIEK UT

Kirsten u. Stephan Schuldt, Hooger Fähre 6, 25849 Pellworm, Tel: 04844-90 90, info@nordsee-hotel-pellworm.de, www.nordsee-hotel-pellworm.de. EZ € 420, DZ € 602-658, Studio € 770, jeweils inkl. Frühstück; der Aufschlag für Kinder (ab 5 J.) wird individuell vereinbart.

Das Frühstücksbuffet des Vier-Sterne-Hotels wird auch den wählerischten Nachwuchs in Schlemmerlaune versetzen. Nur ein paar Schritte sind es zur Badestelle am grünen Deich und der 10.000 Quadratmeter große Garten lädt zum ausgiebigen Sonnenbaden ein. Der Spielplatz mit Trampolin ist ebenso ein Hit wie die beiden Ponys, die geritten und gestriegelt werden dürfen. Golffans freuen sich über das Putting- und Pitching-Green und auch die Kleinen haben Spaß, wenn's zum Golfen ins Watt geht. Bei Bedarf kann sogar eine Kinderbetreuung organisiert werden. Das Hotel verfügt über 2 Einzel- und 17 Doppelzimmer sowie 4 Studios mit Küchenzeile. Kinder bis 4 Jahre sind frei, die Halbpension (€ 11/Pers. u. Tag, Kinder nach Vereinbarung) im Gasthaus „Hooger Fähre“ nebenan kann dazugebucht werden.

SYLT

BARBIAN FAMILY HOUSE

Marita u. Guido Barbian, Süderstr. 64 a, 25980 Keitum/Sylt, Tel. 04651-995 91 59, info@barbian-family-house, www. barbian-family-house.de. Suite (2 Erw.) € 1.995-2.485, Kinder (0-3 Mon.) € 105, (4 Mon.-6 J.) € 350,(8-11 J.) € 280, (ab 12 J.) € 420.

Die kleine Luxusherberge unter Reet liegt inmitten eines herrlichen Gartens mit „Burg“ und kleinem Badeteich, der sogar mit eigenen „Mini-Strand“ ausgestattet ist. Eltern finden hier Entspannung, denn ihre Zwerge (4 Mon.-6 J.) werden fast den gesamten Tag (von 8.30 bis 16.30 Uhr) betreut, Verpflegung ist inklusive. Abends gibt es einen Babyfon- oder Babysitterservice. Beim wöchentlichen Family-Dinner dürfen Mama und Papa abschalten, der Nachwuchs vergnügt sich derweil in der „baby & kids lounge“. Am Morgen steht schon ab 7 Uhr Frühstück bereit, besondere Ernährungswünsche (Glutenunverträglichkeit, Laktoseintoleranz etc.) werden selbstverständlich berücksichtigt. Das extra Kinderbuffet ist ganz dem Geschmack der kleinen Urlauber angepasst. Falls das an Auszeit nicht ausreichen sollte, werden Massagen im Garten-Wellness-Haus angeboten. Die insgesamt 7 Suiten für 2 Erw. und bis zu 3 Kinder sind kleinkindgerecht ausgestattet – dazu Pantry, Privatterrasse, zum Teil Sauna sowie Kamin – und laden ein, einen entspannten Nordseeurlaub mit der Familie zu verbringen.

Der Bernstein ist ein beliebtes Souvenir

Einkaufen & Mitbringsel

Um den urlaubstäglichen Einkauf muss man sich an der Nordseeküste keine Gedanken machen. Vor allem im Bauernland Dithmarschen stehen an den Straßen zahlreiche Obst- und Gemüsestände. Nicht zu vergessen die zahlreichen Hofläden, die neben Erzeugnissen aus Garten und Feld auch Wurst, Schinken, Käse, selbst gemachte Marmeladen, Säfte und Liköre offerieren. Auch Schäfereien haben oft einen Hofverkauf, bei dem man alle Produkte von den knuffigen Vierbeinern, von der Wolle bis zur Wurst, bekommt (siehe auch S. 16 und Kasten rechts). In manchen Häfen kann man zum Teil direkt vom Schiff fangfrische Krabben und Fische kaufen, Fischgeschäfte bieten Räucherware, die sich luftdicht verpackt auch als Mitbringsel eignet.
Achten Sie beim Einkauf auf das Qualitätszeichen „Uthlande". Die Fleisch- und Wurstwaren z. B. stammen ausschließlich von Tieren, die auf den Halligen und Inseln geboren und aufgewachsen sind. Auch Geschäfte auf dem Festland führen die streng kontrollierte Produktpalette, die zudem Obst und Gemüse, Milch, Käse, Eier und Honig umfasst.

Kunsthandwerk
Beliebtes Mitbringsel aus dem Nordseeurlaub ist Handgemachtes aus den zahlreichen Töpfereien oder Handwebereien. In den Werkstätten wie der Nordstrander Töpferei (siehe S. 65) gibt es an schöner Gebrauchskeramik alles, was auch Daheimgebliebene erfreut, von der Vase bis zum kompletten Service – manchmal kann man den Künstlern sogar bei der Arbeit

Salzwiesenlamm & Co

Im Hofladen der **AUSSENDEICH-SCHÄFEREI BAUMBACH** bekommt man alles von Frischfleisch über Schinken bis zur Bratwurst, dazu Schafs- und Ziegenkäse, Felle, Wolle, Seife. Das Fleisch stammt nicht nur von der Schafherde, sondern auch von Gallowayrindern und zählt zu den Uthlande-Produkten (siehe links). Die Schäferei lädt auch zur Besichtigung ein, z. B. während der Nordfriesischen Lammtage (siehe S. 115) mit allerhand Aktionen.
Pohnshalligkoogstr. 1, 25845 Nordstrand, Tel. 04842-495, info@lammfleisch.de, www.lammfleisch.de. Jan-Mitte April tgl. 9-16, Mitte April-Okt Mo-Fr 8-18, Sa/So 10.30-18 Uhr.

Weihnachtsschmuck

Im historischen Laden des Husumer **WEIHNACHTSHAUSES** kann man das ganze Jahr über in Adventskalendern, seltenem Baumschmuck, handgeschnitzten Krippenfiguren und Büchern rund ums Weihnachtsfest stöbern. Weihnachtsbäume mit historischem Schmuck und vieles mehr sind im angeschlossenen Museum zu bewundern. *Nordbahnhofstr. 2, 25813 Husum, Tel. 04841-835 20, wunschzettel@weihnachtshaus.info, www.weihnachtshaus.info. April-Mitte Jan 11-17, Mitte Feb-März 14-17 Uhr. Erw. € 2,50, Kinder (6-14 J.) € 1, Fam. € 7, Laden frei.*

zuschauen (siehe S. 78). Wer den Handwebern über die Schulter gucken möchte, kann das z. B. in der Handweberei in Meldorf (siehe S. 41) oder auf Eiderstedt in der **SPINNWEBKATE** von Angelika Rölke, bei der man sogar mal am Webstuhl arbeiten darf. Die Unikate – Schals, Geschirrtücher, Tischdecken, Tischläufer oder Teppiche – kann man natürlich auch kaufen *[Nickelswarft 2, 25836 Poppenbüll, Tel. 04865-275, roelkerolf@hotmail.com, www.spinnwebkate.de. Juli-Anf. Sep Weben oder Filzen für Erw. u. Kinder € 5, Termine im Veranstaltungskalender der Tourist-Infos]*.
Das besondere Licht und die Landschaft inspirierten nicht nur Emil Nolde, auch heutzutage haben viele bildende Künstler auf den Inseln und an der Küste ihre Ateliers. Hier gibt's viel zu gucken und zu kaufen. Zumeist bekommt man bei den Tourist-Infos einen Flyer zu Galerien und Kunsthandwerkern der Region.

Schmucke Steine
Wer sich – oder seiner bzw. seinem Liebsten – etwas Besonderes gönnen möchte, ist bei den Goldschmieden der Region in besten Händen. Manche Künstler verarbeiten die bunten Steine, die von der Nordsee an den Strand gespült werden, zu erlesenen Stücken, wie etwa **INGER LUDWIG** den roten Feuerstein von Helgoland *[Bude 31, Hafenstr. 1011, 27498 Helgoland, Tel. 04725-64 09 91, BUDE31@t-online.de, www.bude31-helgoland.de]*. Der kostbare Bernstein, der manchmal nach schweren Stürmen an den Stränden zu finden ist, spielt eine Sonderrolle. Auf Föhr befindet sich der größte „Bernstein-Zoo" der Welt: Über 400 verschiedene, in filigraner Handarbeit gefertigte Tiere kann man bei Uwe Petersen besichtigen, der zudem in seiner **BERNSTEINTRUHE** den manchmal gelb, weiß, blau oder rot schimmernden Naturbernstein zum Selbstschleifen und Schleifenlassen bietet *[Bernstein-Zoo, Große Str. 28, Tel. 04681-741 22 87; Bernsteintruhe, Sandwall 54, 25938 Wyk, Tel. 04681-746 22 03, uwebernstein@aol.com, www.uwebernstein.de]*. Eine weitere gute Adresse ist das Meldorfer **BERNSTEINZIMMER** mit einer großen Kollektion sowie Schleifkursen für Kinder und Erwachsene *[Nordschmuck, Zingelstr. 39, 25704 Meldorf, Tel. 04832-52 40, info@nordschmuck.de, www.nordschmuck.de]*.

Festkalender

An der Nordseeküste werden das ganze Jahr über Feste gefeiert, die zum Teil ihren Ursprung in uralten Bräuchen und Traditionen haben. Nicht umsonst ist man stolz auf die wechselvolle Geschichte, die von Sturmfluten und mühevoller Landgewinnung, der gefahrenreichen Seefahrt und dem Kampf der Bauern um ihre Rechte geprägt ist. Die gemeinhin als unterkühlt geltenden Nordlichter verstehen sich durchaus aufs Feiern – und dabei geht es manchmal sehr „sportlich" zu. Ein Spaß ist das Eierwerfen zu Ostern: „Eike, puleike, kom hial weler deel!" (Eichen, Popeichen, komm heil wieder runter!), rufen etwa die kleine Föhrer und Amrumer, wenn sie auf den Feldern ihre Ostereier in die Luft werfen. Mancherorts wird auch eine Art Boccia mit Eiern gespielt – Gäste willkommen. Die traditionelle Ringreit-Saison, begleitet von Festumzügen und Märkten, beginnt im Mai/Juni: Im Galopp versuchen Reiter, mit einer Stange kleine Ringe zu stechen, die an einem Galgen befestigt sind – Mutige können an den Gästeturnieren teilnehmen. Im Juli/August bieten viele Orte Gästeboßeln an, bei dem Urlauber Gelegenheit haben, in den „Heimatsport" hineinzuschnuppern: Beim Spaziergang mit Bollerwagen versuchen je zwei Mannschaften abwechselnd, eine mit Blei gefüllte Kugel so weit wie möglich nach vorn zu kegeln. Nicht zu vergessen das Klootstockspringen auf Eiderstedt: Dabei schwingt man sich an einem Holzstab, dem Klootstock, über die zwischen den Feldern verlaufenden Wassergräben. Früher,

Biikebrennen verabschiedet den Winter

Quatsch im Matsch

Unter dem Motto „Schmutziger Sport für eine saubere Sache" findet seit 2004 an einem Sommerwochenende die **WATTOLÜMPIADE** in Brunsbüttel statt. Wattleten ringen in skurrilen Wattkämpfen wie Aalstaffellauf, Wattfußball und Fischtennis um olümpisches Edelmetall – und tun gleichzeitig Gutes. Die Erlöse fließen der Schleswig-Holsteinischen Krebsgesellschaft zu. Für die Kids gibt's Hüpfburg, Spielmobil und Kistenstapeln, und wer mag, darf mit den Eltern auch ins Watt zum Mitma(ts)chen – Jugend trainiert für Olümpia! *Wattolümpiade e.V., Tel. 04855-89 18 20, mail@wattoluempia.de, www.wattoluempia.de.*

als es nicht viele befestigte Wege gab, war dies eine ganz alltägliche Art, sich in der Marsch fortzubewegen.
Im Folgenden finden sich familienfreundliche Termine, bei denen Groß und Klein auf ihre Kosten kommen.
Ein Hinweis für Liebhaber klassischer Musik: Im Rahmen des **SCHLESWIG-HOLSTEIN MUSIK FESTIVALS** werden auch Konzerte in Brunsbüttel, Friedrichstadt, Heide, Marne, Meldorf, Niebüll und auf Föhr gegeben, allerdings meist am Abend, wenn die Kleinen schon im Bett sind *[Info und Tickets: Kartenzentrale des Schleswig-Holstein Musik Festivals, Postfach 3840, 24037 Kiel, Tel. 0431-57 04 70, bestellung@shmf.de, www.shmf.de]*.

Februar:
Biikebrennen
Alljährlich erweckt man am 21. Februar vor allem auf den Inseln und Halligen eine alte friesische Tradition zum Leben: Weihnachtsbäume, Stroh und Strandgut werden auf großen Holzstößen (Biike) verbrannt. Damit wird der Winterabschied gefeiert und mit heißem Punsch begossen. Im Mittelalter verabschiedete man mit dem Biikefeuer die Walfänger, die nach der Winterpause zu ihrer riskanten Fahrt aufbrachen.

März/April:
Krokusse und Ostereier
In Husum verwandelt sich im Frühling der Schlosspark in einen lilafarbenen Krokusteppich und wird mit einem großen Fest samt Wahl der Krokusblütenkönigin gefeiert.
Pellworm wird um Ostern herum fast zwei Wochen lang zu einer bunten Osterwiese mit allerhand Spaß für die Lütten: Osterhasen backen, Kinderschminken, Sackhüpfen, Besuch bei Schafen und Lämmern, Bernstein schleifen … Am Ostersamstag warten rund 10.000 Ostereier darauf, gefunden zu werden *[www.pellworm.de]*.

Mai bis Juli:
Nordfriesische Lammtage
Von Mai bis Juli dreht sich in Nordfriesland alles ums Schaf – immerhin die zweitstärkste „Bevölkerungsgruppe" der Region. Bauernmärkte mit Schafschur und Streichellämmern, Führungen z. B. in der Friesischen Schafskäserei (siehe Kasten S. 16) und Schlemmereien wie das Lammgrillen im Hallig-Krog (siehe S. 60) bieten für alle etwas *[www.lammtage.de]*.

Juli:
Heider Marktfrieden
Alle zwei Jahre (2018, 2020 …) steht die Dithmarscher Kreisstadt im Bann des Heider Marktfriedens, der an die Zeit erinnert, als Heide zentraler Versammlungsort der „Bauernrepublik" Dithmarschen wurde (siehe S. 39). Dann herrscht hier vier Tage lang ein mittelalterliches Markttreiben mit Festumzügen und vielen Aufführungen, alter Handwerkskunst, Viehmarkt, Schaustellern, Gauklern, Musikanten und Tänzern *[www.heider-marktfrieden.de]*.

Juli:
Smart Beach Tour SPO
Für alle Beachvolleyball-Fans ein Muss: der Smart Beach Cup in St. Peter-Ording. Spannende Matches und tolle Aktionen machen ein ganzes Wochenende zum sportlichen Hit *[www.smart-beach-tour.tv]*.

Tolle Kulisse beim Surf World Cup auf Sylt

August:
Husumer Hafentage
Fünf Tage lang herrscht rund um den Husumer Hafen ein lustiges Treiben mit Riesenrad, Märchenzelt, Hüpfburg & Co. Dazu unterhalten Spielmannszüge und diverse Bands. Dazu unzählige Stände mit Kitsch, Kunsthandwerk und Kulinarischem *[www.husum-tourismus.de]*.

September:
Drachenfestival
Im August strahlt der Himmel über St. Peter-Ording nicht blau, sondern bunt. Rund um das dreitägige Drachenevent gibt es allerhand zu gucken und die Kids können in diversen Zelten spielen, Drachen bauen oder Geschichten hören *[www.drachenfestival-spo.de]*.

September:
Pole Poppenspäler Tage
Das Internationale Figurentheater-Festival in Husum lässt mit rund 60 Veranstaltungen eine Woche lang die Herzen aller Puppenspielfans höherschlagen. Spielorte der Stücke für Kinder (ab 3 J.) und Erwachsene sind u. a. das Schloss vor Husum und das NordseeMuseum *[www.pole-poppenspäler.de. Kindertheater (morgens u. nachmittags) Erw. ab € 8, Kinder ab € 4,50, Abendveranstaltungen Erw. € 12,50-26, Jugendl. € 9-22]*.

September:
Dithmarscher Kohltage
Das größte zusammenhängende Kohlanbaugebiet Europas feiert den „offiziellen" Anschnitt der vitaminhaltigen Köpfe mit Märkten, Ausstellungen, Konzerten, Bastelaktionen u. a. in Brunsbüttel, Friedrichskoog, Heide, Meldorf, Marne und Wesselburen. Dazu kann man allerhand Köstliches wie Kohlbrot oder Kohleis probieren *[www.kohltage-dithmarschen.de]*.

September/Oktober:
Surf World Cup
Das Weltmeisterschaftsfinale der Windsurf-Profis lockt jährlich rund 200.000 Zuschauer an den Brandenburger Strand in Westerland. In der „Boxengasse" können Fans ihre Idole hautnah erleben und neueste Materialtrends bewundern. Rund um die Promenade lockt das Rahmenprogramm mit Surfsimulator, Testcenter, Beachpartys & Co *[www.windsurfworldcup.de]*.

November/Dezember:
Weihnachtsmärkte
Im Advent lohnen die Weihnachtsmärkte z. B. in Husum, Heide, im Tönninger Packhaus (siehe S. 50) und in Friedrichstadt. Am 26. Dezember stürzen sich beim Westerländer Weihnachtsbaden unerschrockene Schwimmer in die Nordsee *[www.sylt.de]*.

Flora & Fauna

Raritäten: Wald, Heide, Moor

Der Westen Schleswig-Holsteins zeigt sich heute, mit Ausnahme des Wattenmeers, als eine von Menschenhand geformte Kulturlandschaft. Der Waldanteil liegt bei unter vier Prozent, damit ist die Nordseeküste eine der waldärmsten Regionen Deutschlands. Ursprüngliche Eichenmischwälder sind kaum noch zu finden, der Riesewohld westlich von Albersdorf bildet da eine Ausnahme. Zu den raren naturnahen Gebieten zählen auch die artenreichen Knicks (Wallhecken) der Geest, die vor rund 200 Jahren als Begrenzung der Felder und Weiden angelegt wurden. Die noch vorhandenen Heideflächen gehen vor allem auf die landwirtschaftliche Übernutzung der nährstoffarmen Geest zurück, wie etwa die Braderuper Heide auf Sylt (siehe S. 84) oder die Bordelumer und Langenhorner Heide nördlich von Bredstedt. Natürliche atlantische Heiden, die durch Dünenbewuchs entstehen, kommen an den Westküsten Amrums und Sylts vor. Vereinzelt gibt es noch Moore wie das Weiße Moor bei Neuenkirchen, das einzige erhaltene Hochmoor in der Marsch, wo Wollgras und Moosbeere gedeihen.

Vielfalt: Wattenmeer

An der Küste wartet dagegen eine Naturlandschaft, die einzigartig ist: das Wattenmeer. Das hat auch die UNESCO erkannt und das ca. 11.500 Quadratkilometer große Gebiet, von dem rund 4.400 Quadratkilometer zum Nationalpark Schleswig-Holsteinisches Wattenmeer gehören, 2009 zum Weltnaturerbe erklärt. Eine mit rund 10.000 Jahren verhältnismäßig junge Landschaft, die durch Wind, Wellen, Gezeiten und Sturmfluten ständig ihr Gesicht ändert. Zweimal am Tag zieht sich die Nordsee zurück und gibt den Meeresboden frei. Diese besonderen Umstände schaffen Lebensräume für rund 10.000 Arten von Einzellern, Pilzen, Pflanzen und Tieren.

Salzwiesen und Dünen

Bis heute lässt sich am Wattenmeer die natürliche Dynamik des Verlandungsprozesses erkennen, der vor Tausenden von Jahren die Marsch entstehen ließ. Salzwiesen, die man z. B. auf der Hamburger Hallig (siehe S. 58) erleben kann, entstehen durch Schlickablagerungen vor dem Deich. Je nach Entfernung zum Meer werden

Was blüht denn da? Zum Beispiel Strandflieder

Zwei gefiederte Wattbewohner: Strandläufer und Kiebitz

sie mehr oder weniger oft überspült und weisen eine besondere Vegetation auf: Salzwiesenpflanzen wie Queller, Andelgras, Strandaster oder Halligflieder kann Salzwasser nichts anhaben. Rund 1.800 Arten von Insekten, Milben, Spinnen und Würmern haben die amphibische Landschaft für sich entdeckt, 250 sind nur hier heimisch. Eine andere Form der „Landbildung" ist an den West- und Südstränden der Geestkerninseln und bei St. Peter-Ording erkennbar. Ständig wird Sand an- und weggespült, trockene Sandkörner vom Westwind weggetragen. Ein Produkt der Sandaufwehung sind Dünen, die in Spülsaumnähe z. B. von der salztoleranten Salzmiere besiedelt werden. Auf den dahinter liegenden älteren Dünen wachsen Strandhafer oder -roggen, die mehr Halt geben. An der Grenze zum Hinterland finden sich Graudünen mit Dünenrosen sowie Braundünen mit Heidesträuchern oder Kriechweide. Dünen sind Brut- und Rastgebiete für Küstenvögel und dürfen nur auf ausgewiesenen Wegen betreten werden.

Auf dem Meeresboden

Fast eine halbe Million Mikroalgen bevölkert im Sommer einen Quadratzentimeter Wattoberfläche: Nahrungsgrundlage für zahlreiche Lebewesen. Etwa die Wattwürmer, berühmt für ihre spaghettiartigen Hinterlassenschaften: Sie filtern den Schlick oder Sand und pflügen dabei die obere Bodenschicht um. Weichtiere wie Sandklaff-, Herz-, Miesmuschel, Rote Bohnen sind zu finden, zudem Watt-, Strand-, Pantoffel- und Wellhornschnecken. Wattwanderer werden Bekanntschaft mit dem Schlickkrebs machen, den man „knistern" hört, sofern es still ist: Wenn er seine Antennen spreizt, platzen dazwischen Wasserhäutchen. Etwas größer ist die Nordseegarnele, die vor allem in Form von Krabbenbrötchen bekannt ist. Wenn sie nicht vorher von der Strandkrabbe geschnappt wurde, die auch „Dwarslöper" (Querläufer) heißt, weil sie am schnellsten ist, wenn sie seitwärts läuft – für uns Menschen eher eine komische Vorstellung, seitwärts zu laufen.

Überall: Vögel
Bei Ebbe ergibt sich eine üppige Tafel für rund 10 Millionen Wat- und Wasservögel. Die meisten kommen im Frühling oder Herbst, um zu rasten und sich Reserven für den Weiterflug anzufressen. So legen etwa 50.000 Ringelgänse Ende April auf den Halligen einen Stopp ein, bevor sie die ca. 5.000 Kilometer lange Reise in ihre Brutgebiete an der Eismeerküste antreten. Auch Knutt, Alpenstrandläufer, Pfuhlschnepfe, Kiebitzregenpfeifer oder der Große Brachvogel sind häufige Gäste. Im Sommer ziehen rund 200.000 Brandgänse in die Wattflächen rund um die Insel Trischen bei Friedrichskoog, um ihr Federkleid zu wechseln. Viele Vögel brüten auch an der Küste, wie die Lachmöwe, die ganzjährig anzutreffen und an ihrem weißen Federkleid und dem dunklen Köpfchen zu erkennen ist. Auch die Silbermöwe mit ihren grauen Schwingen ist an der Nordsee nicht wegzudenken. Der am häufigsten anzutreffende Watvogel ist der schwarze Austernfischer mit seinem weißen Bauch und dem langen rötlichen Schnabel.

Im Wasser
Rund 70 Fischarten leben in der Nordsee, einige halten sich bei Ebbe auch in den Prielen auf, wie Grundeln, Aalmuttern und Plattfische. Für Scholle, Hering oder Hornhecht ist das nährstoffreiche Wattenmeer „Kinderstube", erst nach etwa einem Jahr ziehen die Jungfische weiter. Der Fischreichtum erfreut nicht nur Angler (siehe S. 123), sondern rund 10.000 Seehunde. Nachdem sie fast ausgestorben waren, bevölkern heute auch wieder Kegelrobben das Wattenmeer. Wer mehr über sie erfahren möchte, sollte die Seehundstation Friedrichskoog besuchen (siehe S. 87), mit dem Verein Jordsand eine Führung zur Kegelrobbenkolonie auf der helgoländischen Düne (siehe S. 21) oder eine Schiffsfahrt zu den Seehundbänken in Begleitung von Nationalpark-Rangern unternehmen (siehe S. 95). Auch Schweinswale sind im Wattenmeer westlich von Sylt und Amrum heimisch. Mehr über das Wattenmeer, den Nationalpark und den Naturschutz erfährt man bei der Nationalparkverwaltung in Tönning *[www.nationalpark-wattenmeer.de, Info-Tel. 04861-962 00]*.

Aug in Aug mit Meister Adebar

BERGENHUSEN, ca. 17 km östlich von Friedrichstadt (siehe S. 47), ist bekannt als Storchendorf: Rund 15 Weißstorchenpaare brüten hier jährlich und ziehen ihre Jungen groß. Im **BESUCHERZENTRUM** kann man den Nestbetrieb per Webcam verfolgen. Die Ausstellung zeigt Wissenswertes rund um den Großvogel sowie die Fauna und Flora der Eider-Treene-Sorge-Niederung. *Goosstroot 1, 24861 Bergenhusen, Tel. 04885-570, Michael-Otto-Institut@NABU.de, www.bergenhusen.NABU.de. Mitte März-Mitte Sep („Storchensaison") tgl. 10-18 Uhr. Erw. € 2, Kinder (4-16 J.) € 1, Fam. € 5.*

Geschichte

Schleswig-Holstein ist ein junges Land, entstanden vor etwa 200.000 Jahren, als gewaltige Eismassen Schutt und Geröll aus Skandinavien vor sich herschoben. Dabei bildete sich die Geest, abgeleitet vom Friesischen „güst" für unfruchtbar. Die Marschen entwickelten sich sehr viel später durch Sedimentationsprozesse im Watt (seit ca. 6.000 Jahren). 60.000 bis 90.000 Jahre alte Feuersteinabschläge aus Schalkholz belegen, dass schon in der Eiszeit Neandertaler in Schleswig-Holstein lebten. Um ca. 11.000 v. Chr., gegen Ende der Weichsel-Eiszeit, durchstreiften altsteinzeitliche Menschen nachweislich das Gebiet. Diese Sammler und Jäger folgten großen Rentierherden auf weiten Wanderrouten.

Jäger, Bauern und Handwerker

Um 4000 v. Chr. werden die Nomaden sesshaft und beginnen mit Ackerbau und Viehzucht. Von einer dauerhaften Besiedelung und Ausbildung gemeinschaftlicher Strukturen zeugen zahlreiche jung- und bronzezeitliche Megalithanlagen wie die Stein- und Hügelgräber aus der Zeit um 3000 v. Chr., wie sie heute z. B. in Albersdorf (siehe S. 86) oder auf Sylt (siehe S. 84) zu bestaunen sind. Bald bilden sich neue „Berufsgruppen": Handwerker fertigen Waffen, Werkzeuge und Schmuck nicht mehr aus Feuerstein und Holz, sondern aus Bronze – das benötigte Kupfer und Zinn tauschen Händler im Mittelmeerraum gegen das „Gold der Nordsee", den Bernstein, ein. Bald erlernt man die Kunst der Eisenverhüttung, für die das heimische Sumpfeisenerz verwendet wird (um 700 v. Chr.). Um die Zeitenwende beginnen die großen Völkerwanderungen: Teutonen in Begleitung von Kimbern und Ambronen ziehen um 100 v. Chr. gen Süden, wo es zu blutigen Zusammenstößen mit den Römern kommt, die es danach vorziehen, den Nordmännern keinen weiteren Besuch mehr abzustatten. Rund 500 Jahre später fallen Jüten,

Haithabu, die einstige Wikingermetropole, ist heute Freilichtmuseum

Tausendteufelswarft

Bei Hemmingstedt erhebt sich die **DUSENDDÜWELSWARF**: Das Denkmal mit dem wuchtigen Findling erinnert an die Schlacht am 17. Februar 1500, als die Dithmarscher die Schwarze Garde des dänischen Königs schlugen. Die Bauern hatten zuvor die Siele in der Marsch geöffnet, sodass das Landsknechtheer auf matschigem Grund nicht operieren konnte. Kinder begeistern die kleinen Schaukästen, in denen Szenen der Schlacht dargestellt werden.

Angeln und Sachsen in Großbritannien ein und hinterlassen nördlich der Elbe große Siedlungslücken. Ab dem 7./8. Jh. ziehen Jüten und Dänen in den nördlichen Teil Schleswig-Holsteins, Sachsen in den Südwesten und Slawen in den Südosten.

Kampf gegen den Blanken Hans
Während die Sachsen die Marsch Dithmarschens besetzen, kommen Friesen von der südlichen Nordseeküste nach Helgoland und in die unbewohnten Uthlande (Außenlande), damals eine Moor- und Marschlandschaft vor der nordfriesischen Geest. Um sich vor Sturmfluten zu schützen, errichten die Siedler Hügel und niedrige Deiche. Wann genau der Meeresspiegel so weit ansteigt, dass die aus dem Vorland herausragenden Geestkerne sich in die Inseln Amrum, Sylt und Föhr verwandeln, ist nicht geklärt. Nach der Marcellusflut, der „Großen Mandränke" 1362, beginnt man, dem Meer durch planmäßigen Deichbau Land abzuringen. Doch viele dieser Bemühungen macht die Burchardiflut, die 1634 unter anderem die Insel Alt-Nordstrand zerstört, wieder zunichte.

Schleswig und Holstein
Unterdessen bauen die Dänen (auch Wikinger genannt) zum Schutz gegen die Sachsen das Danewerk bei Schleswig und gründen Haithabu, das sich bis zu seiner Zerstörung 1066 zum bedeutenden Handelszentrum entwickelt. Um 800 n. Chr. starten die Franken unter Kaiser Karl dem Großen mit der Unterwerfung und Christianisierung der Sachsen. Sie dringen bis nach Holstein vor, wo sie von den Wikingern unter Dänenkönig Göttrik gestoppt werden. In den Friedensverhandlungen wird die Eider als Grenze zwischen Schleswig und Holstein festgelegt, die bis 1864 besteht. In Schleswig herrschen die Dänen, während Holstein Teil des Frankenreichs bzw. später des Heiligen Römischen Reichs ist. Doch es kehrt keine Ruhe ein. Die nächsten Jahrhunderte sind bestimmt durch Versuche, die Landesteile unter dem einen oder anderen Machthaber zu vereinen. 1440 erlangen nach langen Streitigkeiten die Grafen von Schauenburg und Holstein das Herzogtum Schleswig als Lehen vom dänischen König. Nach dem Tod des letzten Schauenburgers 1460 fällt Holstein als Reichslehen an Dänemark, sodass die Landesteile formal unter der dänischen Krone vereinigt sind. Innerlich bleibt das Land zersplittert in Adelsherrschaften.

Mit Ausnahme Dithmarschens: Hier hat sich seit dem 14. Jh. eine „Bauernrepublik" auf der Basis der Kirchspiele und Geschlechterverbände der großen Bauernfamilien entwickelt. Erst 1559 gelingt es den Dänen, die freiheitsliebenden Dithmarscher zu unterwerfen. In den nächsten 400 Jahren scheitern Bestrebungen vor allem der Gottorfer Herzöge mit Stammsitz in Schleswig, die Unabhängigkeit von Dänemark zu erlangen.

Nationale Bewegung und Kriege
Der aufkommende Nationalismus macht auch vor dem „Land zwischen den Meeren" nicht halt. Die „Schleswig-Holsteinische Frage" um die Zugehörigkeit Schleswigs wird schließlich im Deutsch-Dänischen Krieg 1864 mit einem Sieg Preußens über die Dänen entschieden. Schleswig-Holstein erfährt als preußische Provinz einen Aufschwung nicht zuletzt durch die Einweihung des Nord-Ostsee-Kanals (1895). Zeitgleich lässt Kaiser Wihelm II. Helgoland zu einem Kriegshafen ausbauen. Ab 1935 erweitern die Nationalsozialisten diese Seefestung. Davon bekommen die Engländer Wind und werfen im April 1945 rund 7.000 Bomben über dem roten Felsen ab, der damit unbewohnbar ist. Nach dem Ende des „Tausendjährigen Reichs" liegt auch auf dem Festland viel in Schutt und Asche. Auf Helgoland sprengen die Briten 1947 die Militäranlagen zum Großteil, wobei das Mittelland entsteht. 1952 wird die bis dato als Bombenabwurfplatz genutzte Insel zurückgegeben.
Heute zählt die Westküste Schleswig-Holsteins mit den Nordfriesischen Inseln und Helgoland zu den beliebtesten Urlaubsregionen Deutschlands.

Der rote Felsen Helgoland

Bauernalltag

Das älteste Freilichtmuseum Deutschlands (1899) steht mitten in Husum. Im **OSTENFELDER BAUERNHAUS**, einem niederdeutschen Flachhallenhaus, ist zu sehen, wie die Bauern an der Westküste um 1600 lebten und arbeiteten: Familie und Gesinde wohnten auf engem Raum zusammen, alle Aufgaben waren genau verteilt. Der kostbare Abendmahlschrank (1642), die Döns (Wohnstube) mit ihrer kunstvoll geschnitzten Alkovenwand und der repräsentative Pesel (Festraum) lassen den einstigen Wohlstand erahnen.
Nordhusumer Str. 13, 25813 Husum, Tel. 04841-25 45. April-Okt Di-Do 13.30-17 Uhr. Erw. 2,50, Kinder € 2.

Sport

Am Strand liegen, die Seele baumeln lassen, einfach mal nichts tun – für viele ist das der Inbegriff von Urlaub, vor allem wenn man mit Kindern unterwegs ist. Doch lange hält das an der Nordseeküste kaum jemand aus, dafür ist das Angebot einfach zu groß: Schwimmen, radeln, wandern, Fußball und Volleyball spielen kann man fast überall, mancherorts sogar reiten, golfen, surfen oder kiten.

Mit dem Fahrrad sportlich unterwegs

Angeln
Flüsse, Sielzüge, Speicherbecken und natürlich die Nordsee: Angler finden an der Westküste Schleswig-Holsteins ein großes Revier. Abenteuerlich ist das Hochseeangeln von Dorsch und Makrele, Angelkutter starten z. B. von Büsum und Helgoland aus. Ebenfalls eher etwas für erfahrene Angler ist das Brandungsangeln direkt am Flutsaum, wobei mit Glück am Ende Aale, Schollen oder Flundern am Haken zappeln. Wer es ruhiger mag, versucht sein Glück in der Eider-Treene-Sorge-Region mit Hechten, Zandern, Barschen oder gar Lachsen. Gastangler erhalten gegen Vorlage eines gültigen Bundesfischereischeins eine nach Dauer gestaffelte **ANGELERLAUBNIS** *[ca. € 6/Tag, ca. € 15/Woche. Infos über Reviere und Ausgabestellen: Kreissportfischerverband Dithmarschen (KSFV), Horst Eichert, Tel. 04802-542, info@kreissportfischerverband-dithmarschen.de, www.kreissportfischerverband-dithmarschen.de; Kreisanglerverband Nordfriesland e.V., Jürgen Töllner, Tel. 04881-71 93, www.kav-nf.de].*

Fahrradfahren und Wandern
Für Touren zu Fuß oder per Rad ist die Nordseeküste ideal: weitestgehend flach, gut ausgebaute Wege und dazu die faszinierende Landschaft. Wattwanderungen (siehe z. B. Kästen S. 65 u. 92) und Spaziergänge stehen natürlich hoch im Kurs, Radler rollen gern die Deiche entlang. Bei starkem Wind kann das ziemlich anstrengend sein, aber es gibt ja noch die Radwege im Hinterland, wie die Grenzroute oder den Eider-Treene-Sorge-Radweg. Der Nordsee-Tourismus-Service (siehe S. 103) verschickt z. B. die Broschüre „radfahren* nordsee" mit Streckenvorschlägen sowie Infos zum 350 km langen schleswig-holsteinischen Teil des Nordseeküsten-Radwegs. Wer eine längere Tour plant, sollte sich bei der Tourismus-Agentur Schleswig-Holstein (siehe S. 103) das Verzeichnis „übernachten*" des Allgemeinen Deutschen Fahrrad-Clubs mit radlerfreundlichen Unterkünften besorgen. Auch auf der ADFC-Seite www.bettundbike.de kann man gezielt danach suchen.

Fußballferien

Für alle Ballverrückten ein Traum: den ganzen Tag im **FUSSBALLCAMP AUF DER INSEL FÖHR** kicken und am Ende bei einem Turnier um den Pokal kämpfen. Mit Inselfeeling spielt es sich bestimmt gleich viel besser. *Fußballcamp Föhr, Die Fußballschule in Schleswig-Holstein, Dieter Bollow, Tel. 04321-52 28 95. Tagescamp für 5 Tage € 149.* Beim **FUSSBALLCAMP ST. PETER-ORDING** haben Nachwuchskicker (8-16 J.) die Wahl: Entweder übernachten sie im Trainingslager (1 Woche € 390) oder sie nehmen nur am Tagesprogramm (ca. 8.30-21 Uhr. € 290) teil. Ehemalige Bundesligaspieler weihen in Einzeltechnik und Taktik ein. *Fußball-Camp, Campus-Nordsee „Weidenhaus", Zum Karpfenteich 5, 25826 St. Peter-Ording, Tel. 04863-36 83, www.fussballcamp-spo.de.*

Golf
Golffans kommen voll auf ihre Kosten, auch wenn der Wind manchmal den kleinen Ball in einen Bunker oder ein Wasserhindernis treibt. Die nördlichsten Golfplätze liegen auf Sylt – vier der insgesamt zwölf Greens an der Westküste. Viele bieten Probestunden, Schnupper- oder Einsteigerkurse an, auch für Kinder (ab ca. 6 J.). Eine Liste aller Plätze bekommen Sie bei der Tourismus-Agentur Schleswig-Holstein (siehe S. 103).

Reiten
Pferdebegeisterte können auf dem Festland, den Halligen oder Inseln ihrer Leidenschaft nachgehen. Ein besonderes Erlebnis ist der Ritt am Strand (siehe auch S. 66). Manche Höfe bieten für Kids (ab 8-9 J.) sogar Reiterferien ohne Eltern an (siehe S. 108). Auch wer Stunden nehmen, voltigieren lernen oder einfach mal auf einem Ponyrücken sitzen möchte, findet eine Vielzahl von Angeboten. Eine Übersicht bietet der Flyer „Reiten und Reiterhöfe" des Nordsee-Tourismus-Service (siehe S. 103).

Schwimmen/Beachsport
Bei warmen Temperaturen lockt natürlich ein erfrischendes Bad in der Nordsee. Zudem bieten sich am Ufer unzählige Sportmöglichkeiten von der Strandgymnastik über -spiele bis zum Beachsoccer und -volleyball. Ein Highlight sind jedes Jahr im Juli die

Strandsegeln

Einmal mit der Kraft des Windes über den Strand gleiten? In den Kinderstrandsegelwagen des **NORDWIND WASSERSPORT E. V.** können sogar Zwerge (ab 7 J.) den eleganten Sport auf dem Ordinger Strand ausprobieren. Für die Großen gibt's auch Kurse. *Zentrale: Neu-Revensdorf 2, 24214 Lindau, Tel. 04346-59 55, info@nordwind-wassersport.de, www.nordwind-wassersport.de. Kinderstrandsegelkurs (2-3 Std.) ca. € 79.*

Ein einzigartiges Erlebnis: ein Ritt durchs Watt

Beachvolleyball-Masters im Rahmen der Smart Beach Tour (siehe S. 115). Wenn das Wetter nicht mitspielt, gibt es in allen Ferienorten Erlebnis- und Freizeitbäder, die das ganze Jahr über Badespaß garantieren.

Surfen & Co

Überflüssig zu erwähnen, dass die Nordsee ein Dorado für Surfer, Kiter und (Katamaran-)Segler ist. Nicht von ungefähr sind Sylt und St. Peter-Ording Austragungsort internationaler Surf- und Kite-Wettbewerbe (siehe S. 116) – hier türmen sich die Wellen manchmal meterhoch. Nicht ganz so wild geht's z. B. an den Stränden von Föhr oder Büsum zu. Die meisten Wassersportschulen geben Surf- und manchmal auch Segelkurse für Kids (ab 6 J., siehe Kapitel Strände), dazu Unterricht für Erwachsene, Materialverleih und die Möglichkeit zur Lagerung der Ausrüstung am Strand. Beliebt ist auch das sogenannte SUP (Stand-up-Paddling): Auf dem Surfboard stehend, kämpft man mit einem Paddel gegen die Wellen an. Eine Besonderheit bietet der Strand von St. Peter-Ording: Hier können sich alle ab 1,50 Meter in einen **KITEBUGGY** setzen und über die riesige, ebene Sandfläche flitzen *[Kitebuggyfahrschule St. Peter-Ording, Böhler Landstr. 23, 25826 St. Peter-Ording, Tel. 0170-383 27 48, info@buggyfahrschule.de, www.buggyfahrschule.de. Schnupperkurs (4 Std.) € 89]*. Die hier zu bestaunenden Strandsegler gehören den Mitgliedern des Yacht Clubs St. Peter-Ording. Ein Erlebnis für Zuschauer sind auch die zahlreichen Wettkämpfe, die auf der Regattastrecke bei St. Peter-Bad ausgetragen werden (Termine im Veranstaltungskalender).

Wasserwandern

An der Westküste warten über 100 Flüsschen und Auen auf Kanuten und Kajakfahrer. Besonders reizvoll ist die Flusslandschaft Eider-Treene-Sorge, über die z. B. die Tourist-Info Friedrichstadt (siehe S. 48) oder die **EIDER-TREENE-SORGE GMBH** *[Eiderstr. 5, 24803 Erfde, Tel. 04333-99 24 90, info@eider-treene-sorge.de, www.eider-treene-sorge.de]* informiert. Kanus sowie Vorschläge zu Touren, die auch an einem Tag zu schaffen sind, bekommt man z. B. bei **NORD KANU** *[Gerd Menz, Am Lagedeich 25, 25813 Husum, Tel. 04841-743 52, Menz@Nordkanu.de, www.nordkanu.de. € 23/Tag bei Start an einer Kanustation]* mit Stationen an Eider, Treene und Sorge.

Index

Impressum

VERLAG: COMPANIONS GmbH,
Hopfensack 19, 20459 Hamburg,
Tel. 040-306 04-600,
Fax 040-306 04-690,
E-Mail: info@companions.de,
Internet: www.companions.de

AUTORIN: Kerstin Gonsior
ÜBERARBEITUNG: Lisa Blümel,
Leonie Hinzen
SCHLUSSKORREKTUR:
Yasmin Feldmann
LAYOUTKONZEPT: Finny Nguyen
UMBRUCH: Cornelia Prott
DRUCK UND BINDUNG:
DZA Druckerei zu Altenburg GmbH

ISBN 978-3-89740-739-8

BILDNACHWEISE:
Titelfoto: Stocksy/Studio Firma
Wolfgang Claussen S. 3, Photodisc/Muriel de Seze S. 5, Kerstin Gonsior S. 6, 9, 18, 31, 35, 36, 37, 38, 39, 48, 49, 51, 52, 53, 54, 56, 59, 62, 64, 67, 86, 88, 91, 92, 94, shutterstock/Cheryl Casey S. 10, Wolfgang Claussen S. 11, iStockphoto.com/Franky De Meyer S. 13, Stocksy/Meaghan Curry S. 17, pixelio.de/Jörg Trampert S. 19, pixelio/Brandtmarke S. 21, Wolfgang Claussen S. 22, 23, sxc/missxyz S.24, pixelio.de/x-ray-andi S. 25, 27, 69, pixelio/Andreas Bender S. 26, Holger Langmaier S. 29, Fotolia/Manninx S. 30, Fotolia/purplequeue S. 32, pixelio.de/jul S. 41, Fotolia.com/mirubi S. 42, Fotolia.com /Immo Schiller S. 45, pixelio.de/Sven-L. S. 46, Frauke Feind S. 50, pixelio.de/sprisi S.60, Fotolia/Sandor Kacso S. 61, Fotolia/Raymond Thill S. 63, pixelio.de/Markus-Weber S. 70, pixelio.de/Echino S. 71, 74, Fotolia.com/oriwo S. 73, Museum Kunst der Westküste S. 74, pixelio.de/SVP-BTL S.78, pixelio.de/Karl-Heinz-Peters S. 80, Fotolia/Engels S. 82, pixelio.de/Andreas-Locke S. 83, Kur und Tourismus Service Büsum S. 85, Tom und Nicki Löschner S. 87, Dennis Schaper S. 89, NABU Naturzentrum Katinger Watt S. 90, Tolk-Schau S. 93, pixelio.de/magicpen S. 95, Fotolia.com/ChantalS S. 96, pixelio.de/Doris Rennekamp S. 97, InselCircus Mignon S. 98, Sylt Aquarium S. 100, Fotolia.com/drubig-photo S. 101, pixelio.de/gabriele-Planthaber S. 102, Fotolia.com/Doc RaBe S. 105, Petra Blume S. 107, Image Source S. 109, iStockphoto.com/cynoclub S. 110, pixelio.de/Templermeister S. 112, 118, pixelio.de/Hans Peter Dehn S. 114, pixelio.de/Klaus-Steves S. 116, pixelio.de/Domino S. 120, Alfred Koop S. 122, cocoparisienne S. 123, Sascha Ljubisavljevic S. 125, Sebastian Kee S.128